W0187341

„Hope is the thing with feathers..."

(Emily Dickinson)

SPORT
ZEUCH
VERLAG

LARS LUCKE / CHRISTIAN SCHWAB

TOUR DE BADMINTON

IN DREI ETAPPEN VOM EINSTEIGER ZUM SCHLITZOHR

4. Auflage 2016

Lektorat: Stephanie Fechner
Layout, Satz: Marlene Bruns

Das Titelbild zeigt Tanja Lindner und Florian Münch

Fotos: Gerd Pilz, VICTOR International, Michael Dickhäuser, Robert Georg, Sven Heise
Zeichnungen: Frank Kintscher
Produktion: Ingo Appelt, Sarah Nagel, Benno Hamann, Stephanie Wernicke
Druck und Bindung: bud
Brandenburgische Universitätsdruckerei und Verlagsgesellschaft Potsdam mbH

Sportzeuchverlag GbR
Elbestr. 28-29
12045 Berlin

Internet: www.sportzeuchverlag.de
E-Mail: info@sportzeuchverlag.de
ISBN 978-3-00-023948-9

Danksagung

Auch bei einer vierten Auflage benötigt ein junges, unverbrauchtes Autorengespann Hilfe. Als entscheidender Geburtshelfer kann sich das Team von VICTOR International betrachten. Um es auf den Punkt zu bringen: Tour de Badminton wäre ohne den schwungvollen Unternehmergeist des »großen V« ein hübsch zu erzählender Konjunktiv geblieben. Denn obwohl das Buch aus seinem bereits erfolgreichen Vorgänger »Badminton für Einsteiger« weiterentwickelt wurde, gehört doch eine Prise Badminton-Leidenschaft dazu, um sich so intensiv für ein solches Projekt zu engagieren. Die Firma zu loben ist das Eine. Wir müssen uns – trotz deren weitgehender Bescheidenheit – hier zusätzlich noch mal drei Kerle für eine persönliche Laudatio vorknöpfen: Rolf Aurin und Jan Beutler sorgten mit ihrem Vertrauen in das Projekt für den eigentlichen Stapellauf und zwackten sich immer wieder ein Stündchen Zeit für die geliebten Berliner Besucher ab. Sören Reil meisterte mit stoischer Gelassenheit auch unsere kurzfristigsten und abstrusesten Anfragen. Die Chance, ihn mit diesem Buch aus der Ruhe zu bringen, haben wir vertan. Die entspannte Professionalität der Victorianer hat uns letztlich durch den gesamten Entstehungsprozess begleitet. Eine Unterstützung, die wir hiermit noch mal in zwei Worte meißeln möchten: *Danke, Jungs!*

Den gelungenen Rahmen des Fotoshootings lieferte die Havellandhalle in Seeburg (bei Berlin-Spandau). Fotograf Gerd Pilz und die Modells Tanja Lindner und Florian Münch nutzten dieses Umfeld für die optisch zeitlose Bebilderung des Buchs. Ein besonderer Dank geht an Sven Heise, der trotz stolzer Fotobeiträge im Impressum der Erstauflage vergessen wurde – und uns trotzdem noch grüßt. Zu dem gab es einen regen Austausch mit abendländischen Badminton-Größen. Bernd Szczepanska steuerte neben tieferer Badminton-Philosophie auch inspirierende Anekdoten bei. Der für seinen trockenen Humor gefürchtete Arzt Albert Reisen sezierte unsere schwächeren Kapitel stets bis zum Augenöffnen und Trainerlegende Kay Witt reflektierte die Gesamtkonzeption, bis das Werk rostfrei schimmerte.

Abschließend eine tiefe Verneigung vor unserer Kreativchefin Marlene Bruns, die dem unkonventionellen Aufbau und Sprachschatz des frei drehenden Autorenduos ein Gemisch aus Seriösität und Inspiration entgegenstemmte und so »Tour de Badminton« zu einem stimmigen Gesamtwerk entwickelte.

Prolog

Es gibt zwei Erkenntnisse, die den Charakter von »Tour de Badminton« am besten beschreiben:

- *Lernen aus einem Buch unterliegt besonderen Anforderungen und muss auch ohne einen korrigierenden Trainer möglich sein.*
- *Jeder Sportler oder »Nichtsportler« beginnt auf seinem eigenen Niveau und lernt auf seine eigene Art am besten.*

Eine nüchterne Aneinanderreihung von sportwissenschaftlich korrekten Bewegungsbeschreibungen durfte hier also keinen Raum finden. Wir benötigten vielmehr einen eleganten Zugang zum »Lernzentrum von Normalsterblichen«, der jederzeit Eigenkorrekturen ermöglicht.

Die speziellen Anforderungen eines Buches gelten besonders für Einsteiger, die nicht jeden Tag ihres Lebens mit der Sportart verbracht haben. Es gibt keinen korrigierenden Trainer und meist liest man auch nicht zwischen den Ballwechseln weiter. Der Abstand zwischen Sport und Lektüre scheint also vorprogrammiert. Unserer Meinung nach lässt sich diese Distanz aber leicht überbrücken. Über eine bildhafte, unterhaltsame Sprache und bewusst anschaulich gestaltete Darstellungen kommt man dem Grundgedanken des Badminton leichter näher.

Auch der übliche, lehrbuchhafte Aufbau, für den abgeschlossene thematische Kapitel wie »Die Technik«, »Die Taktik«, »Das Training« charakteristisch sind, kam für uns nicht in Frage. Warum sollte auch ein Einsteiger erst sämtliche Techniken durcharbeiten, bis er endlich die ersten elementaren Hinweise zum zweckmäßigen Verhalten auf dem Badmintonfeld – also zur Taktik – findet?

Was Hänschen nicht lernt, lernt Hans nimmer mehr. So will es der Volksmund. Wir nicht. **Die Orientierung an der Situation und »Eigenheiten« des Lernenden** ist der zentrale didaktische Ansatz von »Tour de Badminton«. Es geht uns darum, jeden Leser dort abzuholen, wo er steht und so weit zu bringen, wie er es selbst möchte (das so genannte »Busfahrerprinzip«).

Und – ob Hans, Hanna oder Hänschen – jeder lernt anders. Der eine benötigt Bildreihen, die andere findet eher einen sprachlichen Zugang. Viele holen sich ihre Erfolgserlebnisse nicht über Wiederholungslesen, sondern über üben, üben, üben. Meist ist es aber die individuelle Kombination, die zum Erfolg führt.

Jeder kann und sollte den für ihn besten Zugang wählen und auch die Etappe, mit der er sich am intensivsten beschäftigt. Den Fortgeschrittenen interessiert ein ganz anderes »Paket« an Techniken, taktischen Hinweisen und Trainerwissen zum Einüben und Festigen seines Spiels – und es wird ihm zum richtigen Zeitpunkt und in sinnvoller Zusammenstellung serviert.

Dieser ganz an der Situation des Lernenden orientierte Aufbau bringt es mit sich, dass auf bestimmte Themen mehrmals eingegangen wird. So sind zum Beispiel die ersten Hinweise zum »Spiel auf dem Vorderfeld« am noch bescheidenen technischen Repertoire sowie an der geringen Spielerfahrung des Badmintoneinsteigers orientiert. Verbessert sich das Können, reichen die anfangs vermittelten Informationen zu diesem Thema natürlich nicht mehr aus. Nun braucht der Spieler speziellere Hinweise, während sie ihn in der Anfangsphase überfordert hätten.

Der Einfachheit und besseren Lesbarkeit der Texte halber sind nahezu alle Personenbezeichnungen in Bezug auf Übende, Gegner, Partner, Spieler u.ä. für Rechtshänder formuliert und in der maskulinen Form gehalten. Dies ist bitte nicht als Gedankenlosigkeit oder gar Affront gegen die Damenwelt zu verstehen. Überhaupt war es unser Anliegen, relativ Einfaches nicht unnötig kompliziert zu machen, sondern im Gegenteil selbst Kompliziertes für den Lernenden möglichst einfach und verständlich darzustellen.

Die drei Etappen vom Einsteiger zum Schlitzohr werden für jeden eine durchaus individuelle Erfahrung darstellen. Mit dem Aufbau des Buches möchten wir dafür einen Leitfaden geben – kein Korsett.

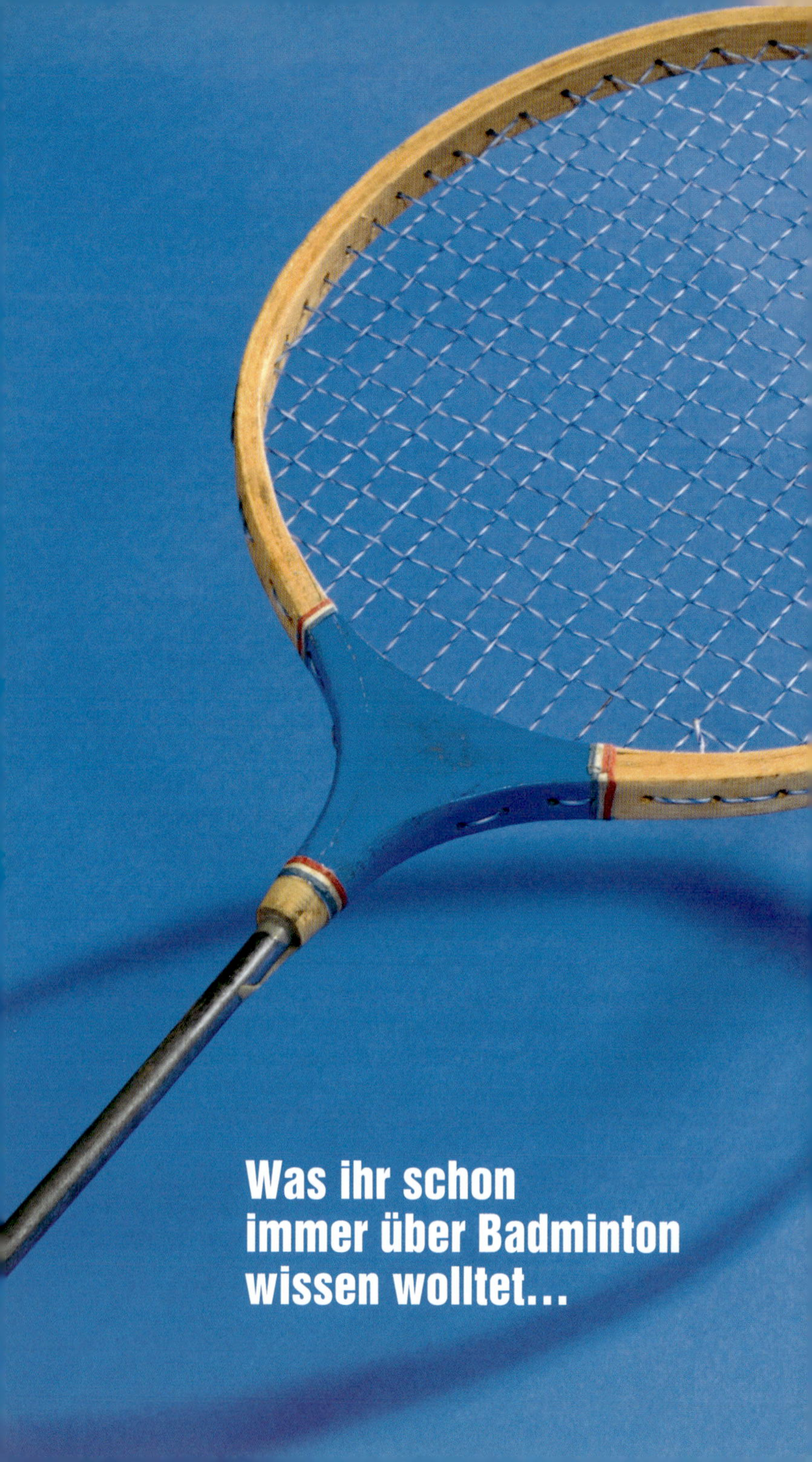

Was ihr schon immer über Badminton wissen wolltet…

Badminton im Aufwind

Badminton boomt hierzulande – und das nicht erst seit gestern! Der 1953 gegründete Deutsche Badminton Verband (DBV) hat mit seinen zuletzt gut 205 215 Vereinsmitgliedern (Stand 2012) in den vergangenen Jahrzehnten eine rasante Entwicklung genommen und gehört inzwischen zu den großen deutschen Sportverbänden. Noch viel mehr Aktive spielen in kommerziellen Anlagen. Man schätzt die Zahl dieser »Undercover-Federballer« auf etwa zwei Millionen. Die Anzahl und Qualität der Badminton-Center hat sich nach leichten Wellenbewegungen auf einem guten Niveau etabliert.
Woher kommt dieses Interesse am Federball? Ein Blick hinter die Kulissen des vermeintlichen Wiesenfederballs bringt etwas Licht ins Dunkel. Viel schweißtreibender, aber auch reizvoller als gedacht, präsentiert sich Badminton dem überraschten Einsteiger.

Power-Sportart Badminton

Ein Vergleich mit dem Tennis veranschaulicht den Belastungsgrad, dem Badmintonspieler ausgesetzt sind. Unser Beispiel ist zwar schon ein Weilchen her, aber das Verhältnis dieser beiden Sportarten zueinander dürfte sich in den vergangenen Jahren nicht grundlegend geändert haben: Boris Becker, auf der Spitze seiner physischen Leistungsfähigkeit, legte im Wimbledonfinale von 1985 gegen Kevin Curren in drei Stunden 3,7 km zurück, während Badmintonspieler Morton Frost aus Dänemark in den 75 Minuten seines WM-Finals gegen den Chinesen Jan Jian 7,3 km lief. Becker kam dabei auf eine effektive Belastungszeit von 19 Minuten (= 9 Prozent). Frost war 48 Prozent seiner Zeit in Ballwechsel verwickelt und schuftete »netto« 37 Minuten lang (und verlor dann auch noch).
Während eines Badminton-Einzels treibt die Belastung den Puls eines Spielers auf etwa 160 bis 180 Schläge pro Minute (die Aufregung eines WM-Finals noch nicht mitgerechnet), und er verliert durchschnittlich zwei Prozent seines Körpergewichts. Bei harten Schlägen erreicht der Ball Spitzengeschwindigkeiten bis zu unglaublichen 365 km/h.

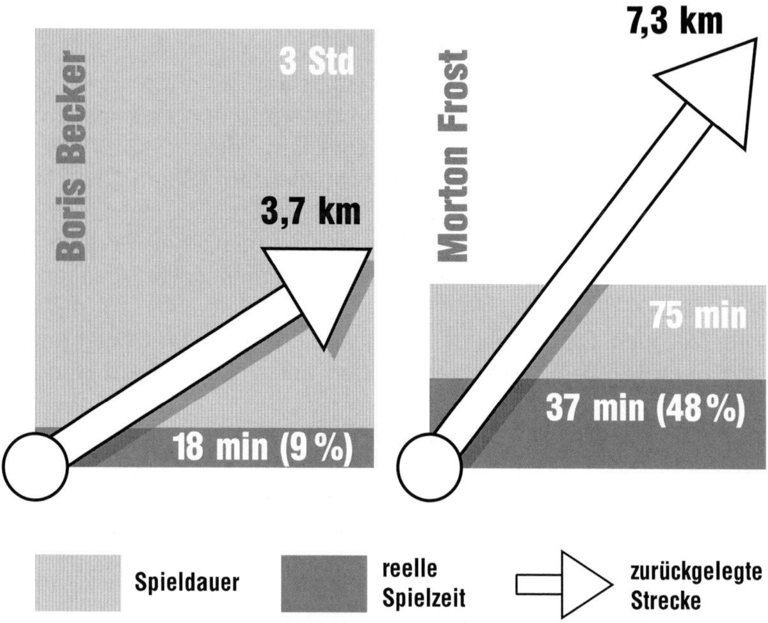

Tennis und Badminton: Der Belastungsgrad von Boris Becker im Wimbledonfinale von '85 und von Morton Frost im WM-Finale des gleichen Jahres im Vergleich.

Badminton erfordert ein hohes Maß an Fitness. Wer hier Defizite hat, dem wird durch diesen Sport also ein exzellentes Fitnesstraining geboten. Beweglichkeit und Körperbeherrschung werden schon vom Anfänger gefordert. Doch Erfolge stellen sich schnell ein, so dass längere Ballwechsel mit akrobatischen Einlagen auch bei Einsteigern bald an der Tagesordnung sind. Die sonst so frustrierende Startphase in eine Sportart, bei der technische Unfertigkeit immer und immer wieder den Spielfluss zerstört, fällt beim Badminton weg. Die Ganzkörpersportart Badminton bringt den Körper dazu, Bewegungen zu machen, die der Geist diesem gar nicht zugetraut hätte. Auch zart gebauten Menschen bereitet es keine körperlichen Probleme, mit einem 100-Gramm-Schläger den 5 Gramm schweren gefiederten Ball übers Netz zu schlagen. Das geringe Gewicht des Schlägers ermöglicht plötzliche Richtungswechsel, so dass ein Spieler seine Lust an Täuschungsmanövern richtig ausleben kann.

Wem Badminton for fun nicht genügt, wird eine abwechslungsreiche Wettkampfszene vorfinden. Badminton ist sowohl ein Einzel- als auch ein Mannschaftssport. Darüber hinaus können sich Männlein und Weiblein in einer Mannschaft zusammentun bzw. sich sogar gemeinsam auf einem Feld wiederfinden. Durch Aufhebung der Geschlechtertrennung ist die Atmosphäre meist angenehm entspannt und der Trost bei einer unglücklichen Niederlage fällt um das gewisse Etwas herzlicher aus…!

Durchs Kirchenschiff nach Olympia

Im Jahre 1869 entschloss sich eine Gruppe englischer Offiziere, ein in Indien beobachtetes Spiel auch mal auf der Insel zu testen. »Poona« nannte sich die indische Version des Spiels, bei dem ein mit Federn geschmückter Ball mit teppichklopferartigen Geräten in die Luft geschossen wurde. Austragungsort der ersten Wettkämpfe auf europäischem Boden war der Landsitz des Duke of Beaufort in der Grafschaft Gloucestershire. Der Landsitz trug den klangvollen Namen »Badminton Hall«, was die Frage nach der Herkunft des Namens der Sportart beantwortet. In den folgenden Jahren breitete sich Badminton in ganz Großbritannien aus. Mangels adäquater Sportstätten fanden die Spiele häufig in Räumlichkeiten statt, die für eine Nutzung solcherart eigentlich nicht vorgesehen waren – in Kirchen. Das hohe Mittelschiff bot freie Flugbahn für den Federball, und die Kirchenbänke dienten als Logenplätze für die Zuschauer. Badminton galt schon damals als Happening.

1893 gründeten dann 14 Clubs die »English Badminton Association« und schufen ein festes Regelwerk. 1899 fanden die ersten »All England Championships« statt. Dieses Turnier galt lange Zeit auch als inoffizielle Weltmeisterschaft. Ein Sieg an dieser »heiligen Stätte« trieb selbst hartgesottenen Männern die Freudentränen in die Augen.

1934 war Badminton weltweit so populär, dass die »International Badminton Federation« (IBF) ins Leben gerufen werden konnte. Von der Gründung dieses Dachverbands beflügelt, organisierte sich die Sportart bald in vielen weiteren Ländern. In Asien stieg Badminton neben Fußball zum Volkssport Nr. 1 auf. Doch der Zweite Weltkrieg bereitete dem Aufwärtstrend des Federballs vorerst ein Ende.

Ende der vierziger Jahre schien die Badmintonwelt dann wieder im Lot: Um den internationalen Vergleichen auf lange Sicht einen würdigen Rahmen zu verleihen, wurden erstmals Weltmeisterschaften ausgetragen; sie hatten den Charakter von Mannschaftsmeisterschaften. 1948 gaben zunächst die Herren beim seitdem alle zwei Jahre ausgespielten Thomas-Cup ihr weltmeisterliches Stelldichein, 1956 kamen die Damen im Uber-Cup zu ihrem Recht. Waren in der ersten Hälfte des Jahrhunderts noch Engländer und Dänen tonangebend, so begann in den 50er Jahren der steile Aufstieg der Asiaten. Chinesen, Koreaner, Malayen und vor allem Indonesier beherrschten das Geschehen auf dem Spielfeld. Die Europäer rutschten ins zweite Glied, aus dem sie seither nur noch selten hervortraten.

Vom Schatten ins Licht: Petra Overzier und Huaiwen Xu gewannen 2006 die erste WM-Medaille für Deutschland seit der Kaiserzeit.

Im Jahre 1967 entschlossen sich die Europäer zu einem längst fälligen Schritt. Sie schufen im Sog der damals schon allgegenwärtigen europäischen Vereinigung (gerade war durch Zusammenlegung von EWG, Euratom und EGKS die EG geschaffen worden) die European Badminton Union (EBU). Die EBU wurde schnell aktiv. Schon 1968 initiierte sie die ersten Europameisterschaften, die seitdem alle zwei Jahre stattfinden. Erst 1977 gelang es endlich, eine Einzelweltmeisterschaft zu organisieren. »Einzel« bedeutete hierbei nicht, dass ausschließlich Einzel gespielt wurde, sondern dass es keine Mannschaftswettkämpfe gab. Auch Doppel- und Mixedweltmeister wurden gekürt.

Die Deutschen spielten sich Anfang der 70er Jahre kurzzeitig in Europas Spitze hinein. Gegen die besten Asiaten hatten sie aber selten eine wirkliche Chance. Eine rühmliche Ausnahme bildete die WM 2006 in Madrid (siehe Foto)!

Die letzte Hürde auf dem Weg zur Weltsportart nahm Badminton 1992 in Barcelona. Zum ersten Mal war Federball fester Bestandteil des olympischen Programms.

Von Profis, Profilen und Preisgeldern

Der erste Badminton-Millionär

Der Däne Morton Frost war ein begnadetes Bewegungstalent. In seiner Jugend stand er vor dem Sprung in die dänische Fußballnationalmannschaft und war auch im Hochsprung nicht weit von der nationalen Spitze entfernt. Doch Morton wollte Badminton spielen – und auch hier erwies er sich als ungewöhnlich begabt. Anfang der 80er Jahre reifte Frost zum weltbesten Spieler! Er führte jahrelang die Weltrangliste an, ohne sich aber jemals die Krone des Weltmeisters aufsetzen zu dürfen. Durch Preisgelder und vor allem das Gespür für die kommerzielle Vermarktung seiner Person vergoldete »Väterchen Frost« sein Badmintonwirken schließlich auf seine Weise. Er wurde zum ersten Badmintonmillionär der Geschichte.

Der Kommerz entdeckt das Badminton

Badminton wird mehr und mehr zum lukrativen Geschäft. Durch das steigende Interesse der Medien finden sich zunehmend finanzkräftige Sponsoren auf der Badmintonbühne ein. Als der Fernsehsender Star TV sich in den Neunzigern durch einen millionenschweren Vertrag mit der IBF die Fernsehrechte sicherte, schien die Werbewirksamkeit des Sports abermals gestiegen. Die Preisgelder der wichtigsten Turniere schossen jedenfalls schlagartig in die Höhe. Einige größere Turniere liegen mittlerweile in einer Preisklasse, in der die Sieger nicht mehr nur wegen des sportlichen Erfolgs schmunzeln.

1001 Nacht auf Indonesisch

Mit seinem Finalsieg über den Landsmann Ardy Wiranata sorgte Alan Budi Kusuma 1992 in Barcelona für die erste indonesische Nationalhymne bei Olympischen Spielen. Ganz Indonesien feierte. Der Sieg seiner Freundin Susi Susanti im olympischen Dameneinzel-Finale ließ die Geschehnisse fast Hollywood inszeniert erscheinen: Junge trifft Mädel beim Federball. Beide verlieben sich, erringen zeitgleich des Sportes höchste Krone und leben als Volkshelden glücklich bis an ihr Ende...

Bevor's richtig losgeht

Center oder Verein?

Badminton kann man sowohl in einem Center als auch im Verein spielen. Welche Fakten sind gegeneinander abzuwägen, wenn man sich zwischen beiden Möglichkeiten zu entscheiden hat?

Das Center: Badminton als Happening

Wer einfach und unkompliziert, in angenehmem Umfeld, Badminton spielen möchte und zudem noch bereit ist, etwas Geld zu investieren, der ist im Center richtig aufgehoben.

Pluspunkte für das Center:

- Zeitlich ist man relativ ungebunden. Rechtzeitige Buchung sichert den gewünschten Platz zu beinahe jeder Tages- und Nachtzeit, egal ob werktags oder am Wochenende.
- Das angebotene Rahmenprogramm in solchen Centern ist meist beachtlich: Neben Sauna und Solarium gibt es oft Restaurants, Sportgeschäfte, Bars, Aerobic- oder Fitnesskurse.
  Am Counter begrüßen euch charmante Mädels und Jungs, die hilfsbereit bei allen Fragen zur Verfügung stehen.
- Für den Feinschliff kann ein persönlicher Trainer gemietet werden – wenn dieses Buch tatsächlich noch Unklarheiten hinterlassen sollte!

Das könnte dagegen sprechen:

- Die Courtmiete beträgt in der Regel – je nach Tageszeit und Wochentag – zwischen 6,– und 20,– Euro für 45 Minuten auf dem Doppelfeld. Einzelfelder sind oft etwas günstiger.

Der Verein: preiswerte Geselligkeit

Ob ihr euch in einem Verein wohlfühlt oder nicht, liegt natürlich nicht zuletzt an eurem eigenen Auftreten dort. Ein Quäntchen Glück gehört sicherlich auch dazu, um den Verein zu entdecken, der euch gefällt. Doch meist findet jeder Topf sein Deckelchen…!

Pluspunkte für den Verein:

- Leistungsorientierten stehen Trainer zur Verfügung. Auch kann der eine oder andere »alte Hase« aus seinem Badminton-Nähkästchen plaudern, nachdem man ihn fürsorglich mit Kaltgetränken versorgt und vom eigenen Wissensdurst überzeugt hat.
- Die Jahresbeiträge schwanken zwischen ca. 100,– und 300,– Euro (Schüler und Studenten fahren etwas günstiger!), sind also im Vergleich zum Center schnäppchenverdächtig.
- Spielpartner laufen in Scharen herum. Allerdings zeigt die Erfahrung, dass der Neuling – trotz der verständlichen Scheu bei so viel Unbekanntem – halbwegs selbstbewusst Spielzeit einfordern muss, um den Abend nicht als Zuschauer zu verbringen.

Das könnte dagegen sprechen:

- Durch die Konkurrenz mit diversen weiteren Sportarten sind die Hallenkapazitäten zahlreicher Vereine erschöpft. Dadurch stehen teilweise zu wenig Felder zur Verfügung.
- Der Anfänger wird mitunter mangels Klasse von anderen geschnitten.

Weitere Möglichkeiten, den Schläger zu schwingen, bieten Betriebssportgemeinschaften, der Universitätssport und in steigendem Umfang die Schulen, in denen Badminton inzwischen fester Bestandteil des Lehrplans geworden ist.

tipp

Wenn ihr wissen möchtet, wo sich die nächste Spielgelegenheit in eurer Umgebung bietet, schaut unter: www.funpool.de bzw. www.racketsportler.de für Center oder www.badminton.de für den Verein.

Die Ausrüstung

Die Ausrüstung ist für die Freude am Badminton von großer Bedeutung, kann allerdings auch richtig Geld kosten. Der folgende Marsch durch den Ausrüstungsdschungel liefert einige Hinweise, die den Kaufentschluss erleichtern sollen.

Der Schläger

Schläger gibt es mittlerweile in beinahe allen Preislagen, Qualitäten, Farben und Formen. Es gibt zweigeteilte Schläger (Schlägerkopf und Schaft sind durch ein T-Stück verbunden) und einteilige Schläger. Je weniger ein Schläger geteilt ist, desto besser ist die Kraftübertragung auf den Ball. Bei fehlender Beratung fällt die Entscheidung schwer. Je mehr man aber über Schläger weiß, desto leichter fällt es, den richtigen auszuwählen.

Die Qual der Schlägerwahl: Meist entscheidet der Praxistest über die »Liebe auf den ersten Griff«.

Kopf- und Grifflastigkeit

Es heißt: Kopflastigkeit unterstützt eher das Angriffsspiel, Grifflastigkeit eher das Verteidigungsspiel. Doch welcher Einsteiger weiß schon, zu welchem Spielertyp er tendieren wird? Zur Beruhigung sei gesagt: Auch mit einem grifflastigen Schläger kann man schmettern. Die Gewichtsverteilung des Schlägers lässt sich leicht testen: Legt den Schaft so auf einen Finger, dass der Schläger waagerecht liegt. Ist der Punkt, in dem der Schläger in der Balance bleibt, mehr in der Nähe des Schlägerkopfes, ist der Schläger kopflastig. Liegt dieser Punkt dichter beim Griff, ist er grifflastig.

tipp

Da der Einsteiger erst noch herausfinden muss, zu welcher Spielweise er tendieren wird, muss das subjektive Empfinden nach einer Phase des Probierens – zum Beispiel mit im Center geliehenen Schlägern – den Ausschlag geben: »Mit diesem Schläger fühle ich mich wohl.«

Ein Quadratmeter Schlagfläche erhöht die Treffsicherheit beträchtlich oder: the big bird smashes the worm!

Gewicht

Leichtere Schläger lassen sich besser beschleunigen. Bei sehr leichten Exemplaren (unter 90 Gramm) verliert man jedoch etwas Power, so dass die fehlende Masse zum Nachteil gerät (mit einem Teelöffel kann man ja auch keinen Baum fällen).

Material

Die am häufigsten verwendeten Materialien sind Stahl, Alu und Carbon bzw. Graphite. In dieser Reihenfolge nimmt die Haltbarkeit ab, verbessern sich aber die Spieleigenschaften.

Kopfform

Die Kopfform beeinflusst den Sweetspot (günstigster Trefferbereich). Einsteiger profitieren von einem großen Sweetspot (siehe Foto!), da er auch einen Treffer am Rande der Bespannung verzeiht. Lasst euch vom Verkäufer über den Sweetspot der jeweiligen Kopfform aufklären.

Besaitung

Man unterscheidet grundsätzlich zwischen Naturdarm- und Kunstsaiten. Naturdarmsaiten sind teurer (und fast ausgestorben), weisen aber ein etwas besseres Spielverhalten auf. Gute Kunstsaiten erreichen jedoch durchaus vergleichbare Spieleigenschaften. Dünne Saiten unterstützen präziseres Spiel, sind aber weniger haltbar.

Die mitgelieferte »Haussaite« ist in der Regel von bescheidener Qualität. Die erste frische Bespannung gibt dem Spiel also meist noch einen besonderen Kick. Eine harte Bespannung verzeiht »unsauberes« Treffen (also außerhalb des Sweetspots) weniger, erlaubt aber höhere Ballgeschwindigkeiten. Die Härte lässt mit der Zeit etwas nach.
Apropos: Armschmerzen können vom Schwingungsverhalten des Schlägers oder der Bespannungshärte herrühren. Schläger- oder Bespannungswechsel bewirken nicht selten eine wundersame Heilung!

Bei einer solchen Vielzahl von Kaufargumenten sollte man seine eigenen Ansprüche kühl überdenken. Meist ist man begeistert von Extras und Neuerungen und zahlt schnell mal einen Euro mehr. Doch was nützt der beste Fernseher, wenn man keinen Kabelanschluss hat? Wer bloß gelegentlich zum Schläger greift, sollte sich einen 200-Euro-Schläger nur dann zulegen, wenn das Bankkonto stimmt. Dem Normalsterblichen genügt in diesem Fall wohl ein Leihschläger oder eine preisgünstigere Version.

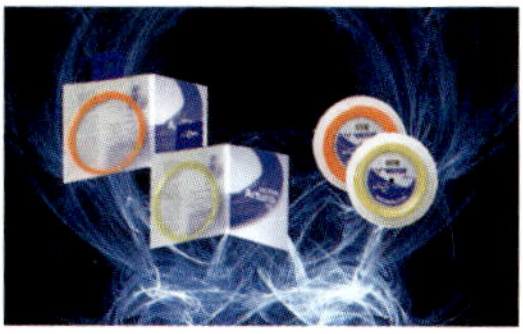

Die richtigen Saiten aufziehen bringt die Musik.

tipp

Aufgrund der besseren Haltbarkeit sind dem Einsteiger Kunstsaiten zu empfehlen.

Die Bälle
Beim Ball hat man die Wahl zwischen Naturfeder- und Kunststoffbällen. Die Variante aus Enten- und Gänsefedern hat anfangs das deutlich bessere Flugverhalten, verliert nach einigen harten oder unsauberen Schlägen aber rasch ihre ursprünglichen Eigenschaften.
Kunststoffbälle halten länger, fliegen dafür aber nicht so gut. Ob ein Ball schnell oder langsam ist, wird bei Kunststoffbällen mittels Farben angezeigt: Rot = schnell, Blau = mittel, Grün = langsam. Bei Naturfederbällen geschieht dies hingegen mit Hilfe von Zahlen.

Ausfahrt Nanjing

Kaum 5 g wiegen sie, sind im Grunde zarte Kunstwerke und halten doch härtesten Gewaltausbrüchen in Form von Badmintonschlägen stand – die Naturfederbälle! Ein kleiner Ausflug in die Produktionsstätte des weltweit größten Turnier-Federballherstellers VICTOR führt uns ins chinesische Nanjing.

Noch 13.999 Federn heute...

Jede Mitarbeiterin sortiert hier täglich etwa 14.000 Federn, damit monatlich rund 40.000 Dutzend Bälle auf den hungrigen Markt kommen.

Zunächst werden die Federn aus den umliegenden Provinzen in Lastwagen angeliefert, vorsortiert, mit Seife unter Zugabe von Bleichmitteln gewaschen und anschließend getrocknet. Es folgt die Feinsortierung nach Größe, Breite und Links- oder Rechtsbeugung vor der maschinellen Zuschneidung. Wir überspringen diverse Kontrollen und landen beim Kork, der samt PU-Überzug aus Portugal dazustößt. 16 gestanzte Löcher werden mit speziell sortierten Federn besetzt, die man nach entsprechender Feinjustierung mit Klebstoff fixiert. Inzwischen haben wir bereits einen hübschen runden Federkorb.

Mit einer Art Häkelnadel wird nun von Hand das Garn aufgebracht und dann maschinell verklebt, um dem Ball größere Haltbarkeit zu verleihen.

Erst nach der Trocknung und verschiedenen Geschwindigkeitstests überprüft man die Flugeigenschaften, wobei alle Bälle von Ballmaschinen durchgeschlagen und von guten Spielern in die Kategorien 1 (vollkommen), 2 (recht gut) und 3 (etwas unruhig) eingeteilt werden. Jetzt noch 12 Bälle in die Dose, 50 Dosen in den Versandkarton und das nächste große Badminton-Turnier ist mit dem »VICTOR Champion« ausgerüstet.

Badmintonschuhe: Hier sollte nicht gespart werden.

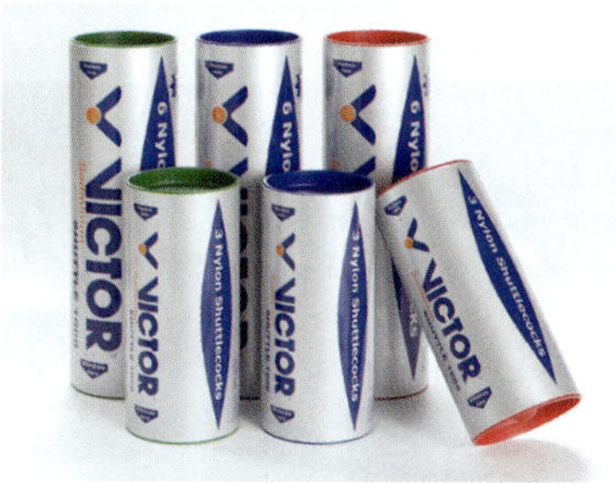

Bälle! Man kann gar nicht genug davon haben.

Je höher die Zahl, desto schneller der Ball. Kunststoffbälle erfüllen durchaus ihren Zweck und entlasten durch ihre Langlebigkeit die Haushaltskasse. Der Badmintongenießer aber kann sich dem satten Knall, der die Zusammenkunft von harter Bespannung und Naturfederball begleitet, auf Dauer nicht entziehen!

Die Schuhe

Wir kommen zu dem Bereich, in dem man am wenigsten sparen sollte. Die ständigen schnellen Richtungswechsel beim Badminton beanspruchen Bänder und Gelenke außerordentlich. Achtet beim Kauf darauf, dass die Sohlen eine gute Dämpfung gewährleisten, der Schuh dem Fußgelenk stabilen Halt verleiht und eine rutschfeste Sohle hat. Gutes Material lässt größere Haltbarkeit erwarten.

tipp

Wählt spezielle Badminton- oder Squashschuhe, in jedem Fall aber Hallenschuhe. Eine nichtfärbende Sohle erspart euch Ärger mit dem Hallenwart oder Centerbesitzer. Lasst die Füße von Joggingschuhen! Sie sind für das Geradeauslaufen konzipiert und laden durch geringere Seitenstabilität bei seitlichen Bewegungen zum Umknicken ein.

Aufwärmen

Schwitzkasten. Die Autoren verbinden individuelle mit Kollektiverwärmung.

Der Sinn von ausgiebigen Erwärmungsprogrammen ist heutzutage umstritten. Es kostet Zeit und scheint keinen erkennbaren Nutzen zu bringen. Dabei sollte es doch zu denken geben, dass alle Spitzenspieler das Aufwärmen sehr ernst nehmen, obwohl sie wahrlich keine Zeit zu verschenken haben. Wir verzichten zwar an dieser Stelle auf ein beispielhaftes Aufwärmprogramm, empfehlen aber durchaus eigene Vorsorgemaßnahmen zu treffen. Ein lockerer Trab vorneweg und leichte Dehnübungen schaden nichts.

tipp

Für die Unverbesserlichen: Fangt zumindest langsam an! Ein geruhsamer Start kann Muskeln und Bänder retten. Euer Körper dankt es euch irgendwann.

In drei Etappen zum Könner

Auch wenn die Ungeduld und die Erwartungen noch so groß sind – es nützt nichts, den zweiten oder gar dritten Schritt vor dem ersten tun zu wollen. Dieser Ratgeber wird euch Schritt für Schritt auf dem Weg vom Einsteiger zum versierten Spieler und spielstarken »Schlitzohr« begleiten. Dazu gehört es, grundlegende Kenntnisse, zum Beispiel über die Schlägerhaltung und wichtige Spielregeln, die Badmintontechniken und das taktisch richtige Verhalten, zu vermitteln, aber ebenso für die Festigung des einmal Eingeführten zu sorgen.

Regenerative Sportlerernährung

Die Grundsätze sportgerechter Ernährung gelten – gerade bei Ausdauersportarten wie Badminton – nicht nur für den Tag, an dem die Leistung erbracht wird, vielmehr gehören sie auch zwischen den Etappen in Kopf und Bauch, meist sogar in dieser Reihenfolge. Ganz egal, ob motiviertes Hobby-Einzel, harte Trainingseinheit oder Liga-Spiel, die anschließende Mahlzeit hat immer die gleiche Funktion, nämlich dem Körper die durch den Sport verbrauchten Nährstoffe wieder zuzuführen:

- genügend Flüssigkeit
- Mineralstoffe
- Kohlenhydrate
- schnell verfügbare Proteine.

Im Training oder Wettkampf gänzlich entleerte Muskelglykogenspeicher (hier liegen bzw. lagen die Energiereserven) benötigen zur maximalen Wiederauffüllung mindestens 24-36 Stunden. Die entscheidende Phase für die Regeneration mit dem Ziel einer Vergrößerung dieser Speicher ist unmittelbar nach Belastungsende. Jetzt sind die Muskelzellen in besonderem Maße auf die Wiederaufnahme von Kohlenhydraten (Energieträger) eingestellt. Hierzu bieten sich Getränke an, die je nach individueller Verträglichkeit einen besonders hohen Anteil an Kohlenhydraten aufweisen.
Eine halbe bis eine Stunde nach einem Wettkampf empfiehlt sich eine kleine, eiweißreiche Aufbaumahlzeit. Dadurch kann der Körper verbrauchtes Eiweiß schnell ersetzen, parallel wird der Erholungsprozess gefördert.
Frische Energie für Zwischendurch bringen zum Beispiel kleine Müsli-Riegel oder ein Kölln Instant Flocken-Getränk mit Milch, Obst- oder Gemüsesaft. Diese »Kraft-Drinks« stellen lange Energie zur Verfügung, ohne den Organismus zu belasten.

Auf seinem Weg vom Einsteiger zum versierten Spieler durchläuft der Badmintonfreak verschiedene Etappen. Jede hat ihre Spezifik. Manche Techniken und taktischen Verhaltensweisen sind das Ergebnis eines längeren Trainingsprozesses bzw. reicher Spielpraxis und gehören deshalb nicht in die erste oder zweite Etappe. Andere haben Basisfunktion und müssen frühzeitig, und zwar ganz solide eingeführt werden. Nicht selten zieht sich die Arbeit an einer anspruchsvollen Technik über lange Zeit hin: relativ einfache Lösungen sorgen dafür, dass der Einsteiger auch in einer frühen Phase schon spielen kann und bereiten gleichzeitig das Erlernen der effektiveren, aber auch schwierigeren Techniken schon vor. Der Weg vom Leichten zum Schwierigen, vom Einfachen zum Komplizierten spiegelt sich in dem Drei-Etappen-Aufbau und damit dem Konzept dieses Buches wieder.

Etappe 1

In der ersten Etappe lernt ihr grundlegende Schlag- und Lauftechniken kennen, das Spielverständnis wird entwickelt und die wichtigsten Badmintonbegriffe werden geklärt. Am Ende dieses ersten Abschnittes seid ihr dann – aufmerksames Studium vorausgesetzt – gewissermaßen mit einem »Junior-Paket« an Technik und Badmintonweisheit ausgestattet, so dass ein solider Grundstein für eure weitere Entwicklung zum versierten Spieler gelegt ist.

Etappe 2

Die zweite Etappe beschäftigt sich eingehender mit der Verbindung von Schlag- und Lauftechnik und rundet das Schlagrepertoire mit weiteren Techniken ab. Nach Beendigung der zweiten Etappe seid ihr mit allen wesentlichen Techniken vertraut und könnt diese in der jeweiligen Spielsituation effektiv einsetzen.

Etappe 3

In der dritten Etappe bereichern wir euer Spiel um weitere Taktiken, Techniken und kleine Finessen. Detailliert behandelt werden hier auch Doppel- und Mixedsysteme sowie die grundlegenden Taktiken dieser Disziplinen.

Rubriken in diesem Buch

Ihr werdet in diesem Buch Symbole und Kästen finden, die den Haupttext ergänzen. Im Folgenden wird kurz erläutert, was ihr in den einzelnen Rubriken findet.

Übung: Um die eingeführten Techniken, aber auch taktischen Verhaltensweisen zu festigen und unter spielnahen Bedingungen situationsgerecht anzuwenden, wird das Einüben auch in Spielform gekleidet. Das macht Spaß und ist sehr effektiv, denn Badmintonspielen lernt man nur durch Badmintonspielen.

Checkpoint: Um eine Kontrolle über den erreichten Lernfortschritt zu haben, absolviert ihr Checkpoints. Mit dem erfolgreichen Passieren bestätigt ihr, dass ihr die Voraussetzungen für die nächsten Schritte erfüllt.

tipp

Es gibt Fehler, die anfangs nahezu jedem unterlaufen. Zur Vermeidung dieser Fehler und für weitere praxisnahe Einblicke in die Sportart gibt es diese Rubrik.

Technikwissen: Erklärung, wie eine bestimmte Lauf- oder Schlagtechnik ausgeführt wird.

Regelecke: Wie es der Name schon sagt, finden sich hier Erläuterungen zum Regelwerk.

Safer Badminton: Hinweis, der euch kurz- oder langfristige Verletzungen erspart.

Etappe I:
Ball und Schläger finden zusammen

Badminton-Basiswissen

Federball und Badminton – die ungleichen Verwandten

Der Spielgedanke des volkstümlichen Federballspiels unterscheidet sich in einem wichtigen Punkt grundlegend von dem des Badmintons: Während Federballer gemeinsame Sache machen und sich zuspielen – je länger, desto besser – spielen die Badminton-Spieler gegeneinander. Ihr Ziel ist es, den Ball so gemein im Feld des Gegners zu platzieren, dass dieser ihn möglichst nicht mehr erreicht oder zumindest zu einem schlechten Schlag gezwungen ist. Doch keine Regel ohne Ausnahme: Beim Techniktraining ist es anfangs sinnvoll, gesteigerten Wert auf ein gezieltes Zuspiel zu legen!

Die Schlagbereiche

Alle Schläge, die mit der Schlagfläche auf der Seite der Handinnenfläche ausgeführt werden, bezeichnet man als Vorhandschläge, alle Schläge auf der Seite des Handrückens bezeichnet man als Rückhandschläge.

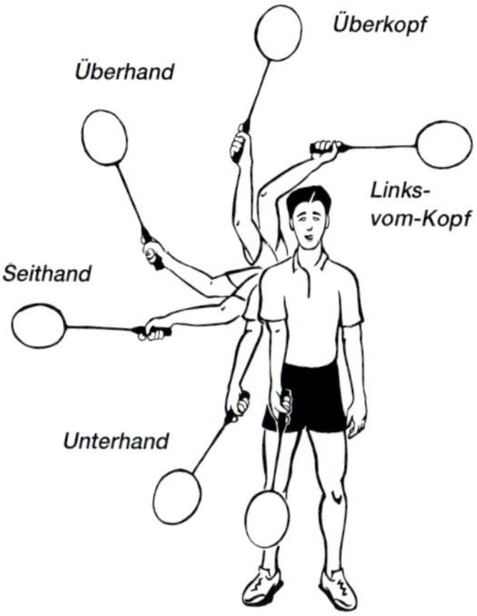

Der mit der Vorhand abdeckbare Bereich

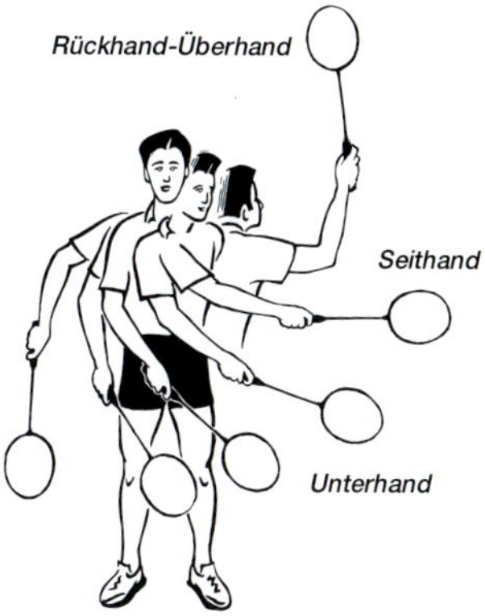

Der mit der Rückhand abdeckbare Bereich

Je nach Position des Schlägerkopfes zur Hand lassen sich noch drei weitere Gruppen unterscheiden: Überhand-, Unterhand- und Seitenhandschläge. Diese Bezeichnungen geben Aufschluss darüber, ob sich der Schlägerkopf höher oder tiefer als die Hand oder in gleicher Höhe wie diese befindet.
Eine letzte Unterteilung findet im Bereich der Vorhand-Überhandschläge statt: Trifft man den Ball über dem Kopf, spricht man von Überkopfschlägen, ist der Balltreffpunkt links vom Kopf, heißt der dazugehörige Schlag…? Genau, Links-vom-Kopf-Schlag.

Die Feldbereiche

Es hat sich als zweckmäßig erwiesen, das Spielfeld in drei Bereiche aufzuteilen: Das Vorderfeld, das Halbfeld und das Hinterfeld. In jedem Feldbereich werden – diktiert durch die Entfernung zum Netz – unterschiedliche Schlagtechniken und -varianten einge-

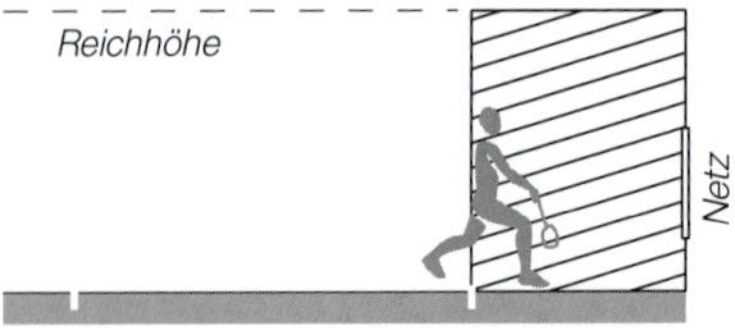

Vorderfeld

Halbfeld

Hinterfeld

setzt.

Packen wir's an: die Griffhaltung

Die Art und Weise, wie ihr den Schläger haltet, entscheidet – unter anderen Faktoren – über eure Spielstärke. Eine zu eigenwillige Griffhaltung erschwert viele Schläge und macht einige sogar fast unmöglich. Daher ist es wichtig, sich frühzeitig an einen sinnvollen Griff zu gewöhnen. Eine falsche Griffhaltung lässt sich später nur mit viel Aufwand korrigieren.

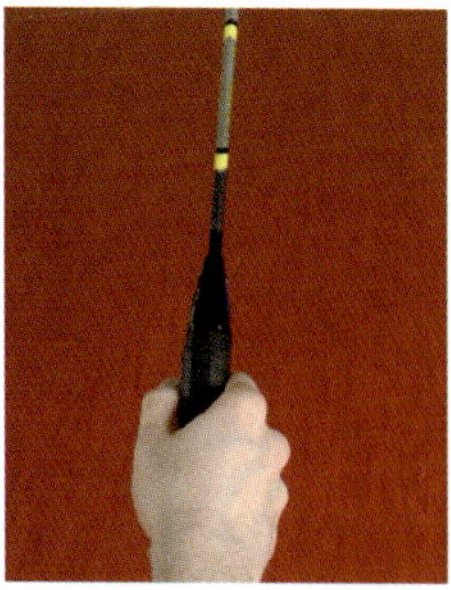

Universalgriff, von der Seite gesehen: Das Endglied des Daumens liegt seitlich an der breiten Grifffläche in unmittelbarer Nähe des Mittelfingers. Universalgriff, von oben gesehen: Daumen und Zeigefinger bilden ein »V« über der schmalen Griffseite.

Der Universalgriff

Er ist die bei nahezu allen Schlägen zweckmäßige Art, den Schläger zu halten.

Technikwissen Universalgriff

- Die Hand liegt in der Mitte des Griffes.
- Daumen und Zeigefinger bilden ein »V« über der schmalen Seite des Griffes.
- Die Handinnenfläche ist beim Universalgriff parallel zur Schlagfläche ausgerichtet. Hält man den Schläger vor sich, sieht man nur das Profil (den Rahmen) des Schlägerkopfes.

Der Trick mit dem Händeschütteln: Reicht eurem Partner den Schläger, wie auf dem Foto erkennbar. Greift dieser, wie beim Händeschütteln, nach dem Griff, landet er (fast immer) mit seinen Fingern im Universalgriff. Häufige Fehler beim Greifen des Schlägers, die aber unbedingt vermieden werden sollten, sind die »Bratpfanne« und das »Brotmesser«. Der »Bratpfannengriff« verleiht zwar ein Gefühl der Sicherheit, da die Schlagfläche während der gesamten Schlagphase zum Ball gerichtet ist. Auch kann der Ball durch die Bespannung hindurch angepeilt werden, doch können im »Bratpfannengriff« viele Schlagtechniken überhaupt nicht angewandt werden! Bei dem »Brotmesser« gibt der gestreckte Zeigefinger auf der breiten Schlägerseite dem Spieler das Gefühl, den Schläger kontrolliert zu führen. Wie bei der »Bratpfanne« ist jedoch auch hier die für die Schlägerbeschleunigung entscheidende Unterarmdrehung (dazu später mehr) kaum möglich!

Durch »Schlägerschütteln« zum Universalgriff.

Die »Bratpfanne« (links), ein häufiger Fehler beim ersten Griff zum Schläger, ebenso wie das »Brotmesser«!

Fester oder lockerer Griff?

Eure Hand muss den Griff keineswegs immer wie ein Schraubstock umspannen. Allgemein gilt:

- Gefühlvolle Schläge mit gefühlvollem Griff (z.B. Netzspiel)
- Harte Schläge mit festem Griff (z.B. Schmetterball)

Selbst bei harten Schlägen könnt ihr den Schläger bis zum Balltreffpunkt etwas entspannter halten. Also bleibt lange locker – wenn ihr könnt! Griffbänder erhöhen die Griffigkeit und regulieren die Griffstärke. Der Schläger soll angenehm in der Hand liegen. Ein gut gewickeltes und rutschfestes Griffband kann das Spiel zum Erlebnis werden lassen.
Abhängig vom jeweiligen Schlag gibt es noch weitere Varianten der Griffhaltung. Sie werden bei den jeweiligen Schlägen erläutert.

tipp

Wer sparen will, zerschneidet ein Frotteehandtuch in Streifen und klebt es auf den Griff (als Sparvariante o.k.).

Die ersten Schläge

Der Spielpartner ist ausgewählt und motiviert. Die Finger liegen locker und sicher im Universalgriff. Was also spricht gegen die ersten Versuche, den Ball zu treffen? Nichts! Halt – das Aufwärmen nicht vergessen! Und dann rauf aufs Feld.

Die Phasen eines Schlages

Jeder Schlag kann in drei Phasen unterteilt werden:
- die Ausholphase, die den Schlag vorbereitet,
- die eigentliche Schlagphase und
- die Ausschwungphase, die meist nicht aktiv unterstützt werden muss, sondern eine Folge der Schlagphase ist.

Trotz dieser deutlich erkennbaren Unterteilung erfolgt der Übergang zwischen den Phasen ohne Unterbrechung (Motto: »Nur der runde Schwung hält jung.«).

Der Aufschlag

Wie bei allen Rückschlagsportarten wird der Ball durch einen Aufschlag ins Spiel gebracht. Anders als beim Tennis oder Squash darf der Badmintonspieler den Ball aber nicht von oben schlagen, sondern muss den Aufschlag als Unterhandschlag ausführen. Der Ball wird nicht aus der Hand heraus geschlagen, sondern angeworfen. Der Treffpunkt ist rechts vor dem Körper. Die vorerst angestrebte Flugbahn des Balles ist hoch und weit. Kurze Aufschläge stehen später an der Tagesordnung.

Regelecke Aufschlag

- Der Ball muss diagonal vom eigenen Aufschlagfeld ins gegnerische Aufschlagfeld geschlagen werden.
- Der Aufschlag wird als Unterhandschlag ausgeführt (Schlägerkopf beim Balltreffpunkt deutlich unterhalb der Hand).
- Der Balltreffpunkt ist unterhalb der Taille.
- Aufschläger und Rückschläger müssen mit beiden Füßen in ihrem Aufschlagfeld stehen (die Linien dürfen dabei nicht betreten werden).
- Die Aufschlagbewegung darf nicht verzögert oder unterbrochen sein.
- Beim Aufschlag am Ball vorbeizuschlagen ist ein Fehler.

Das Einzel-Aufschlagfeld

Technikwissen Aufschlag

- Die Ausholbewegung beginnt weit hinter dem Körper.
- Der Ausschwung des Schlägers geht über die linke Schulter.
- Solange euer Ball beim Aufschlag nicht bis zur hinteren Aufschlaglinie fliegt, stellt euch in eurem Aufschlagfeld ganz nah an die vordere Aufschlaglinie.

Aufschlag: In der Ausgangsstellung befindet sich der Schläger weit hinter dem Körper. Der Ball wird rechts vor dem Körper getroffen. Der Ausschwung des Schlägers führt über die linke Schulter.

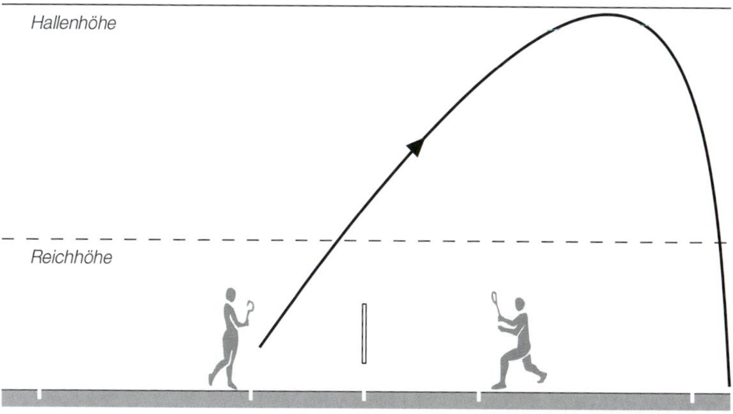

Die Flugkurve des hohen Einzel-Aufschlags

Vorübung für den Ballwurf zum Aufschlag

Aufschlagtraining

Schwierigkeiten treten anfangs besonders bei der Koordination von Ballwurf und Schlag auf. Um diese zu beheben, greift ihr auf folgende Vorübungen zurück:

1. Legt den Schläger, der schräg nach rechts zeigt, vor euren linken Fuß und versucht, im zarten Bogen den Ball mit eurer linken Hand auf die Bespannung zu werfen. Wenn das regelmäßig gelingt, stimmt eine wichtige Komponente des Aufschlages: der Ballwurf. Nun kann der Bewegungsablauf des Aufschlages mit dem Schläger geübt werden.
2. Versucht, den Ball mit einer verkürzten Ausholbewegung und verlangsamtem Schlagtempo zu treffen. Sobald sich Erfolgserlebnisse einstellen, erhöht ihr das Tempo und verlängert die Ausholbewegung!

Checkpoint 1: Trefft bei fünf Aufschlagversuchen fünfmal den Ball so, dass er im hohen Bogen weit (je weiter und höher, desto besser) ins Feld jenseits des Netzes fliegt. Schafft ihr dies, ist Checkpoint 1 passiert. Gehen nicht alle Bälle übers Netz ins gegnerische Feld, heißt die Schlussfolgerung: üben, üben, üben.

Ist Checkpoint 1 in Ehren passiert, habt ihr keine Probleme mehr, den Ball ins Spiel zu befördern.

Spielen heißt in dieser Phase: Zuspielen.

Spielt euch den Ball locker zu, ohne euch Gedanken zu machen, welche aufregenden Schlagtechniken ihr bald lernen werdet. Steht anfangs ruhig etwas dichter beieinander. Spielt den Ball von oben, von unten oder durch die Beine – was eben gerade reizvoll erscheint. Die Betonung liegt auf locker zuspielen. Genau das ist es nämlich, was euch im Folgenden das Erlernen der Schlagtechniken erleichtern wird.

Auch die Großen kümmern sich um ihr Material selbst! Chen Hong (2007 Nr. 2 der Welt im Herreneinzel) im Begriff, seinen Schläger neu zu bereifen.

Checkpoint 2: Lasst den Ball 50-mal ohne Unterbrechung zwischen euch hin- und herfliegen, dann ist Checkpoint 2 passiert!

Ist der Checkpoint 2 absolviert, habt ihr euch ein erstes Prädikat verdient. Ihr seid in den erlesenen Kreis der angenehmen Zuspieler aufgenommen! Mit dieser Fähigkeit steht und fällt die Qualität des Techniktrainings. Nichts ist ermüdender, als sich ständig nach dem Ball zu bücken, wenn man doch eigentlich einen neuen Schlag probieren oder festigen möchte!

tipp

Kontrolliert beim freien Zuspielen immer wieder, ob eure Finger im Universalgriff liegen!

Ballgefühl und Griffgewöhnung

Die folgenden Übungen sind für Einsteiger unverzichtbar, keineswegs aber nur für diese geeignet. Auch Fortgeschrittene verbessern ihr Spiel in dem Maße, in dem der Schläger mehr und mehr zur Verlängerung des Armes wird. Ein Badmintonfeld wird hierbei nicht benötigt – »Hometraining« ist also möglich!

Übungen fürs Ballgefühl

Ball jonglieren: Der Ball »tanzt« auf dem Schläger, der vor dem Körper gehalten wird. Je flacher der Ball springt, desto schwieriger wird's. Der Schwierigkeitsgrad lässt sich steigern: Abwechselnd mit Vorhand und Rückhand jonglieren – dabei in der Halle herumlaufen, hinsetzen, hinlegen und wieder aufstehen.

Ball auffangen: Den Ball hochwerfen (oder -schlagen) und mit der Schlägerfläche weich auffangen. Versucht euch auch hier mit Vorhand und Rückhand. Folgt mit dem leicht schräg angestellten Schläger der Flugbahn des fallenden Balles und stellt die Schlagfläche erst am Ende waagerecht. Beschreibt mit dem Schläger ein großes »J«. Der Schläger muss dem fallenden Ball weich nachgeben.

Bälle vom Boden aufheben: Setzt zuerst die seitliche Kante des Schlägerkopfes an den Kork des Balles. Hebelt dann den Schläger unter den Ball. Die Bewegung ähnelt dem Transport eines Spiegeleis aus der Bratpfanne. Über die Jahre hinweg praktiziert, wird euch diese Fertigkeit viel Zeit und Mühe ersparen!

Ball servieren: Legt den Ball auf die Bespannung, und lasst den Schläger leicht wippend vor euch hin- und herpendeln (wie ein Kellner im belebten Restaurant sein Tablett zu balancieren hätte). Bei wachsender Sicherheit können auch anspruchsvollere Elemente angegangen werden (z.B. eine liegende »8« schreiben, in Schreibschrift »Arnold Schwarzenegger« in die Luft zeichnen...). Die Federn in die Bespannung zu stecken gilt als Schummelei, kann aber Uneingeweihte zu bewundernden Ausrufen ob eures überragenden Ballgefühls verleiten. Der Nachteil: Das Empfinden für Schläger und Ball wird dadurch nicht verbessert.

Das JoJo-Spiel: Spielt euch zu zweit (ohne Netz) den Ball zu. Bewegt euch dabei aufeinander zu, und entfernt euch dann wieder.

Übungen zur Griffgewöhnung

Den Schläger hochwerfen und ihn im Universalgriff auffangen: Drehungen des Schlägers (und des Werfers!) in der Luft erhöhen den Reiz.

Einander den Schläger zuwerfen und ihn im Universalgriff auffangen: Später könnt ihr dabei zwischen allen euch bekannten Griffhaltungen wechseln (bis zur letzten Seite des Buches werden sich da einige ansammeln!).

Auch während des Spielens kann man etwas für die Griffgewöhnung tun.

- Den Griff vor jedem Schlag eine halbe Drehung weiterdrehen.
- Den Griff beim Schlagen abwechselnd im oberen, mittleren und unteren Bereich halten.
- Den Schläger bis zum Treffpunkt bewusst sehr locker halten und erst dann fest zufassen.

Spiel aus dem Vorderfeld (I): Unterhandschläge und Ausfallschritt

Immer wieder kommt es zu Situationen, in denen man die Bälle erst kurz über dem Boden erreicht. Solche tiefen Bälle werden mit Unterhandschlägen gespielt. Zur Erinnerung: Mit dem Zusatz »Unterhand« bezeichnet man alle Schläge, bei denen sich der Schlägerkopf im Moment des Balltreffens tiefer als die Hand befindet. Beinahe alle Unterhandschläge werden im vorderen und mittleren Feldbereich geschlagen, meist in Verbindung mit einem Ausfallschritt. Der Ausfallschritt ist der letzte Schritt auf dem Weg zum Ball.

Technikwissen Ausfallschritt

- Das rechte Bein ist (bei Rechtshändern) vorn. Dadurch spielt man seine Reichweite optimal aus, bleibt bestens balanciert und vermeidet auch ungelenke Verdrehungen des Körpers, die ein diagonaler Ausfallschritt mit sich brächte.
- Schlag und Ausfallschritt erfolgen gleichzeitig.

Safer Badminton:
Der Ausfallschritt begleitet euch euer ganzes Badmintonleben. Wird er immer und immer wieder fehlerhaft, nämlich strapaziös für die Gelenke, Sehnen und Bänder, ausgeführt, kann das die Badmintonkarriere deutlich verkürzen.

Je weiter das Knie über den Fuß hinausgeht, desto stärker wird das Kniegelenk belastet

Unterhandschlag und Ausfallschritt spielend verbinden:
»Netzkönig«: Das Spielfeld wird begrenzt auf den vorderen Bereich zwischen Netz und Aufschlaglinie und die halbe Einzelfeldbreite.

- Es sind nur Unterhandschläge erlaubt.
- Das linke Bein darf den Feldbereich vor der Aufschlaglinie nicht betreten.
- Der Aufschlag wird badmintongerecht von unten ausgeführt.

tipp

Hinweis für den Morgen danach: Ausfallschritte belasten den Oberschenkel und die dazugehörige Gesäßhälfte enorm. Wenn ihr einen Muskelkater möglichst vermeiden wollt, dehnt nach dem Spiel beide Muskelgruppen. Auch lockeres Auslaufen und Ausschütteln der Muskulatur mit einer Hand ist hilfreich!

Spielfeld »Netzkönig«

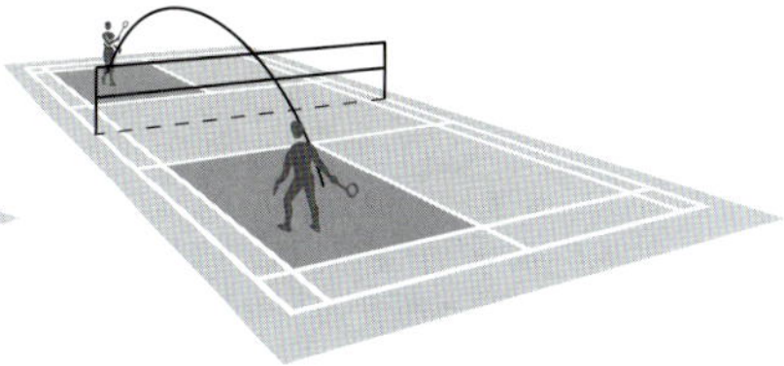

Spielfeld »Unterhand-Rallye«

»Unterhand-Rallye«: Beide Beine dürfen sich jetzt frei entfalten. Aufschlag und Zählweise bleiben wie bei »Netzkönig«. Das Spielfeld wird jedoch nach hinten verlagert, sodass längere Unterhandschläge gefordert sind. Auch wenn die Verlockung groß ist, den Ball von oben zu schlagen – bremst euch und bleibt bei diesem Spiel bei den Unterhandschlägen.

Regelecke Zählweise

- Der erste Aufschläger wird durch Wahl (z.B. Münzwurf) ermittelt.
- Jeder gewonnene Ballwechsel bringt einen Punkt und sichert das Aufschlagrecht.
- Verliert der Aufschläger den Ballwechsel, wechselt das Aufschlagrecht.
- Gespielt wird bis 21 Punkte.

Regelecke Fehler

- Der Ball landet im Netz oder außerhalb des gegnerischen Spielfeldes. (Die Linie gehört zum Feld.)
- Der Schläger berührt das Netz. (Der Ball darf das Netz berühren – auch beim Aufschlag!)
- Nimmt ein Spieler einen Ball außerhalb des Spielfeldes an, wird das Spiel fortgesetzt.

Der Ausschwung beim Rückhand-Unterhandclear führt an der rechten Schulter vorbei.

Der Ausschwung beim Vorderhand-Unterhandclear führt in Richtung der linken Schulter.

Einsteiger-Problem: Mickrige Schlagweite

Stoßseufzer vieler Einsteiger: Mir gelingen einfach keine kraftvollen, weiten Schläge! Hier kann ein Museumsbesuch hilfreich sein. Sucht die antiken Olympioniken aus Marmor, die gerade einen Speer schleudern wollen – und seht jetzt mal drüber hinweg, dass fast immer die Nase und der Schniepel abgebrochen sind. Bei genauer Betrachtung werdet ihr feststellen, dass die Speerwerfer schon damals zum Wurf sehr weit ausholten!

Was bereits die alten Griechen erkannt hatten, haben die Biomechaniker der Gegenwart bestätigt: Eine weite Ausholphase sorgt für einen langen Beschleunigungsweg, und der ist Voraussetzung für große Wurf-, Stoß- und Schlagweiten. In vielen Sportarten finden wir diese Ausholbewegung wieder: der Pitcher (Werfer) beim Baseball macht sie, der Handballer beim scharfen Wurf und der Eishockeyspieler beim Schlagschuss auch.

Bei allen weiten Schlägen wird der Schläger(-kopf) in der Ausholphase hinter den Körper geführt.

Die Ausholbewegung spielend festigen:

»Unterhand-Rallye« (II): Testet jetzt eure durch eine kräftige Ausholbewegung komplettierten Unterhandschläge in der »Unterhand-Rallye«. Solltet ihr feststellen, dass ihr im Eifer des Gefechts keine Zeit findet auszuholen, dann spielt

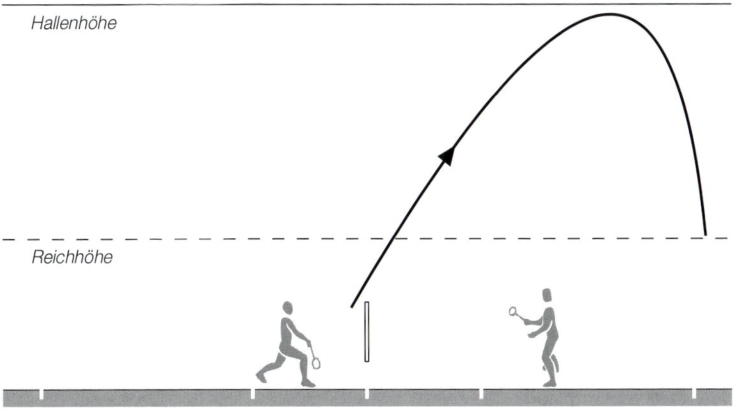

Die Flugkurve des Underhand-Clear

euch die Bälle einfach ohne Zeitdruck (aber mit deutlicher Ausholbewegung) zu. Die hohen und weiten Unterhandschläge, die euch nun immer öfter gelingen, bezeichnet man im Fachjargon als Unterhand-Clear.

tipp

Eure Schläger sollten nicht gerade, sondern diagonal nach oben ausschwingen (s. Zeichnung).

Spiel aus dem Hinterfeld (I) Vorhand-Überkopfschläge

Eine der wichtigsten Maximen im Badminton lautet: Nimm den Ball so früh und so hoch wie möglich an! Jeder Augenblick, den der Ball fällt, gibt dem Gegner die Gelegenheit, sich besser auf euren Schlag vorzubereiten. Um hohe Bälle anzunehmen, benötigt ihr die Überkopfschläge. Sie finden in allen Bereichen des Feldes Anwendung.
Vorhand-Überkopfschläge sind die wichtigste und am häufigsten angewandte Schlagvariante. Aus dem Vorhand-Überkopfbereich werden im Badminton die meisten Gewinnschläge ausgeführt. Es gibt drei verschiedene Schläge in diesem Bereich: Clear, Drop und Smash.

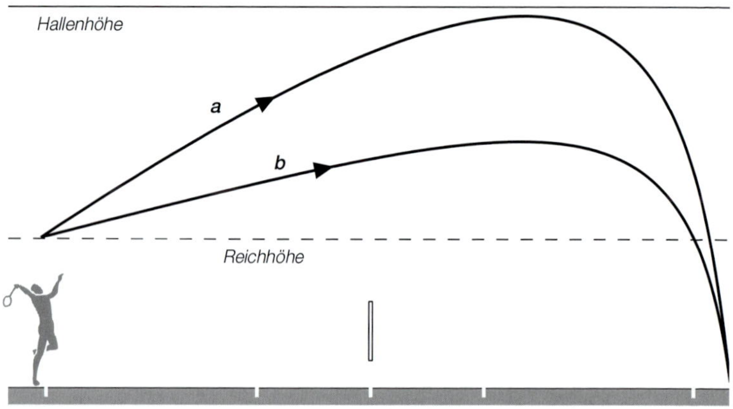

Die Flugkurven des Überkopf-Verteidigungsclear (a) und des Überkopf-Angriffsclear (b)

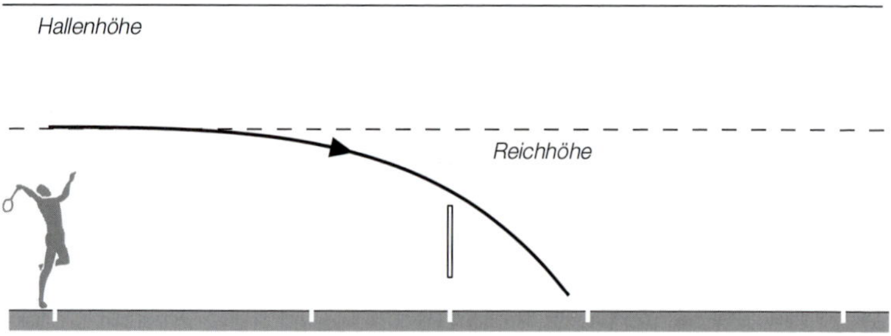

Die Flugkurve des Überkopf-Drop

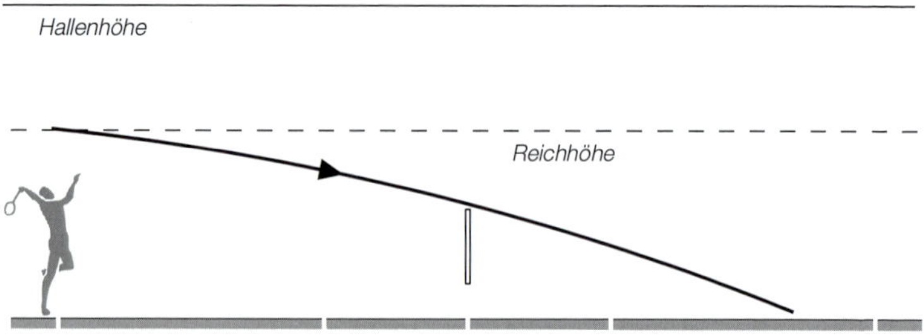

Die Flugkurve des Überkopf-Smash

Sie unterscheiden sich hinsichtlich
- Schlagkraft
- Flugbahn
- Balltreffpunkt

Clear
Der Clear ist ein weiter und kräftiger Schlag in den hinteren Feldbereich des Gegners. Der Treffpunkt kann von etwas hinter dem Körper (Verteidigungsclear) bis etwas vor dem Körper (Angriffsclear) liegen.

Drop
Der Drop ist ein mit wenig Kraftaufwand dicht hinter das Netz gespielter Ball. Der Treffpunkt liegt vor und über dem Körper.

Smash
Der Smash ist der kraftvollste und dynamischste aller Schläge. Der Treffpunkt liegt deutlich vor dem Körper. Dabei ist der Schlägerkopf deutlich vor der Schlaghand (der Ball soll ja nach unten fliegen!).

Technikwissen Überkopfschläge
- Der rechte Fuß wird quer nach hinten gestellt und das Körpergewicht auf ihn verlagert. Diesen Schritt bezeichnet man als Stemmschritt.
- Gleichzeitig wird die Schulter zurückgedreht (weg vom Ball): Diese Körperdrehung ist der erste Teil der bereits erwähnten Ausholbewegung!
- Die Gewichtsverlagerung auf das linke Bein und die Körperdrehung nach vorn leiten den Schlag ein. Mit dem Treffpunkt und der Schlaghärte bestimmt ihr, ob ein Clear, ein Drop oder gar ein Smash euren Schläger verlässt.

Überkopfschlag: Der Stemmschritt leitet den Schlag ein. Das Gewicht wird auf das hintere Bein verlagert. Der Balltreffpunkt ist möglichst dicht an der Körperachse. Ausschwung: Der Ellenbogen bleibt lange oben.

tipp

Damit die Schläge nicht schon im Ansatz voneinander unterscheidbar sind, empfiehlt es sich, Clear, Drop und Smash mit der gleichen Bewegung einzuleiten.
Nehmt in der Ausholphase den linken Arm vor dem Körper hoch. Das »Anpeilen« des Balles kann dadurch erleichtert werden, und es bringt mehr Spannung in eure linke Körperhälfte. Außerdem unterstützt das Wiederherabnehmen des Armes die Körperdrehung.

»Clear – Clear«: Der hohe Aufschlag bringt den Ball ins Spiel, danach wird »gecleart«.

- Wählt anfangs einen etwas geringeren Abstand zueinander.
- Achtet bei jedem Schlag auf beide Körperdrehungen (beim Ausholen und beim Schlag).
- Um euch mehr Zeit zum Schlagen zu verschaffen, spielt Verteidigungs-Clears (bei Schwierigkeiten mit hoher Flugkurve: Zielt an die Decke).

Schulter zurück, Augen zum Ball: Lee Hyo Jung hat auch ohne dieses Kapitel eine lehrbuchhafte Technik entwickelt und legt mit dem VICTOR Brave Sword ihre Gegnerin gleich gehackt.

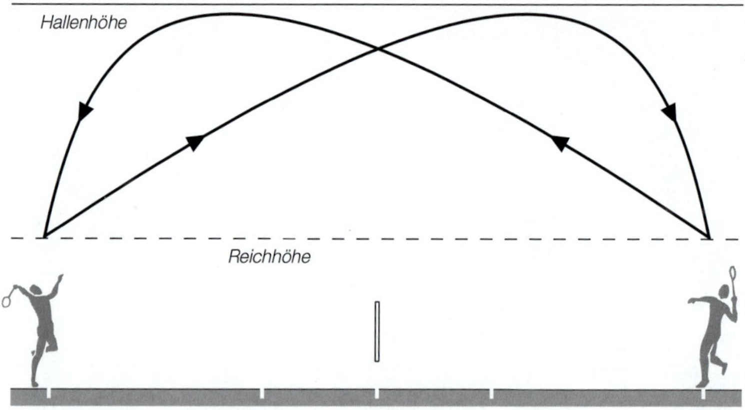

Nur mäßig abwechslungsreich, aber effektiv: die Übung »Clear – Clear«

- Korrigiert euch gegenseitig! Der Ruf »Schulter« zum rechten Zeitpunkt kann viel bewirken. Auch ein paar freundliche, anfeuernde Worte können den Clear beflügeln.

Die Stellung zum Ball

Achtet darauf, dass ihr beim Schlag »hinter dem Ball« steht. D.h. der Ball soll sich zwischen euch und dem Netz befinden. Trefft den Ball vor dem Kopf und vor der Nase (nicht rechts oder links vom Kopf). Nur wenn ihr den Ball frontal trefft, ist die Kraftübertragung optimal.

tipp

Ob man den Ball richtig getroffen hat, hört man am satten Knall. Ist der Schläger beim Treffen des Balles dagegen schräg gestellt, gibt es ein eher zischendes Geräusch. Darum fragt euch bei allen Schlägen, bei denen es auf hohe Ballgeschwindigkeit ankommt: Ist der Ball laut?

Einsteiger-Problem: Zuviel Luftlöcher...

Wer Schwierigkeiten mit der Koordination von Ausholbewegung und Schlag hat (wer also am Ball vorbeischlägt), der sollte den Schlag zunächst trocken üben, d.h. lehrbuchgerechte Bewegungen

tipp

Um sich einen geschmeidigen Rhythmus anzueignen, hilft es, jede wichtige Bewegung mit einem Wort (im Geiste – oder auch hörbar) zu belegen.
Beispiel: Bei der Körperdrehung zurück »Schulter« denken, bei der Körperdrehung nach vorn »Schlag« denken. Die Wörter können auch phantasievoller ausfallen. Die Hauptsache ist, dass ihr dabei einen (euren) Rhythmus entwickelt.

Safer Badminton: Wichtig ist, dass der Oberkörper beim Zurücknehmen der Schulter tatsächlich um die Körperlängsachse schwenkt und ihr euch nicht nur nach hinten beugt. Durch diese Drehung werden die beim Rückbeugen belasteten (unteren) Rückenwirbel geschont. Fallt nicht ins Hohlkreuz!

ohne Ball durchführen. Fangt langsam – fast im Zeitlupentempo – an und steigert dann bis zur badmintongerechten Geschwindigkeit. Müsst ihr beim Bewegungsablauf nicht mehr überlegen, kommt der Ball wieder ins Spiel.

»Clear-Duell«: Im »Clear-Duell« könnt ihr eure Schlagkraft messen. Die schon bekannte Übung »Clear – Clear« wird als Wettkampf ausgetragen. Ein hoher Aufschlag eröffnet das Duell. Der Sieger ist derjenige, der den Gegner mit beiden Füßen hinter die Grundlinie zwingt.

Mehr Power durch Schwungschleife

Aus der Physik ist bekannt, dass man mit einem verlängerten Beschleunigungsweg eine höhere Endgeschwindigkeit erreichen kann. Der Badmintonspieler nutzt dies meist unbewusst, indem er vor kraftvollen Schlägen weit ausholt.
Findige Badmintonspieler kamen aber auf die Idee, die Schlagbewegung um ein technisches Detail zu erweitern, um sich gegenüber der »klassischen« Lösung – weit ausholen – einen Vorteil

zu verschaffen. Sie verlängerten den Beschleunigungsweg nochmals, und zwar durch eine Schleifenbewegung zu Beginn der Schlagphase. Die Schleifenbewegung bei Überkopf- und Links-vom-Kopf-Schlägen ähnelt einem einmaligen Rückenschrubben mit einer Badebürste. Die Bürste wird von der linken Rückenpartie zur rechten gezogen und dann über die rechte Schulter hinweg durchs Badezimmer geschleudert. Probiert's erst mit der Bürste, dann mit dem Schläger (die Schleife funktioniert natürlich auch ohne das finale Wegschleudern). Wichtig ist das Gefühl einer runden Bewegung.

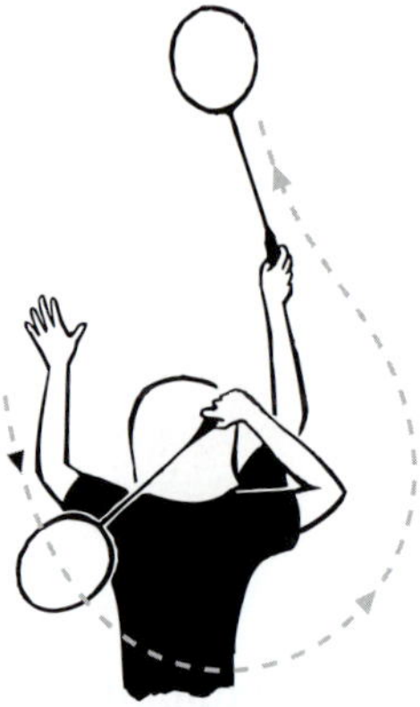

Die Schwungschleife bei Überkopfschlägen: Die Linie zeigt die Bahn des Schlägerkopfes bis zum Treffpunkt.

Der Umsprung

Immer wieder ist der Badmintonspieler gezwungen, aus dem Rückwärtslaufen einen Schlag zu produzieren und dann möglichst flink wieder in die Mitte zu gelangen. Dabei bleibt oft nicht mehr genügend Zeit zum Stemmschritt, so dass sich der Spieler einer anderen Technik bedienen muss. Er behilft sich mit dem Umsprung. Beim Erlernen des Umsprungs kann euch eure rhythmisch-musikalische Grundausbildung von Nutzen sein.

Erlernen des Umsprungs

1. Schrittfolge zuerst ohne Schlag und Ball ausführen.
2. Schrittfolge mit Schlag (Clearbewegung), aber ohne Ball ausführen.
3. Schrittfolge mit Schlag nach hohem Aufschlag ausführen.

tipp

Durch »gedankliches Mitsprechen« kann man seinen Rhythmus finden. Beispiel: (1): »Zurück«, (2): »Sprung«, (3): »Schritt«, (4): »Ende«.

1. Zurücksetzen des rechten Fußes, Heben der linken Hand. Gewichtsverlagerung auf den rechten Fuß.

2. Absprung vom rechten Bein nach hinten, Schlagbewegung in der Luft.

3. Landung auf dem linken Bein. Kommt ihr gut »hinter den Ball«, könnt ihr auch beidbeinig landen!

4. Schritt mit links in die Ausgangsposition.

Safer Badminton: Auf die Achillessehne wirken beim Umsprung enorme Zugkräfte. Nicht umsonst gelten Badmintonspieler als besonders gefährdet im Hinblick auf einen Riss dieser Sehne. Dieses Risiko kann man durch die richtige Fußstellung bei der Landung erheblich reduzieren. Der Fuß zeigt nicht in Bewegungsrichtung, sondern ist etwas quergestellt. Dadurch verteilt sich die Last besser auf Achillessehne, Fußmuskeln und Bänder.

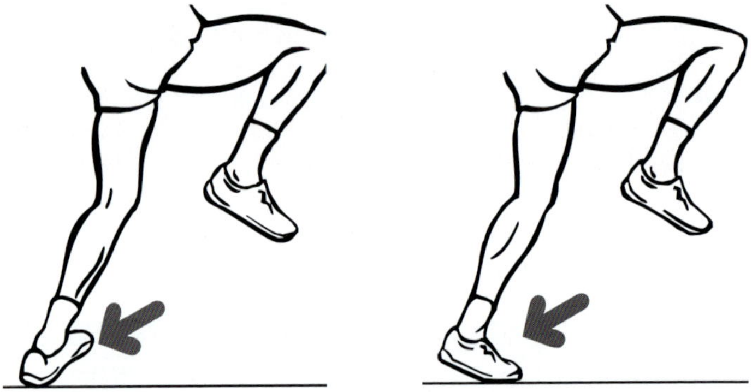

Die richtige Fußstellung bei der Landung nach dem Umsprung (links) … und die falsche. Eine »spitzfüßige Landung« belastet die Achillessehne enorm.

»Clear – Clear« mit Umsprung: Mit etwas Biss und gutem Willen schafft ihr »Clear – Clear« jetzt mit Umsprung. Operiert wieder mit Verteidigungsclears (je höher, desto besser), um mehr Zeit zum Überlegen zu gewinnen! Wird der Clear im Umsprung beherrscht, ist es nur noch ein kurzer Schritt zu »Drop und Smash« mit Umsprung.

»Drop und Smash« mit Umsprung: Die ersten Drops und Smashs werden aus dem Stemmschritt geschlagen. Habt ihr hier die entsprechende Sicherheit gefunden, probiert es aus dem Umsprung.

tipp

Verschafft euch bei diesen ersten Versuchen Erfolgserlebnisse, indem ihr nicht jeden Ball haarscharf übers Netz spielen wollt. Auch muss nicht jeder Drop sofort nach Überqueren des Netzes zu Boden gehen. Spielt anfangs einfach etwas weiter ins Feld hinein. Eine »Fehlerflut« frustriert und lässt die gute Laune schnell schwinden.
Bequeme Spieler neigen dazu, die Ausholbewegung beim Drop zu verkürzen. Damit aber euer Gegner nicht schon vor dem Schlag weiß, was ihn erwartet, »droht« auch beim Drop mit einer imposanten Ausholbewegung inklusive Zurückdrehen des Oberkörpers!

Der eigentliche Druck lastet auf dem Zuspieler. Denn von der Qualität seiner Aufgaben und Unterhand-Clears – sie müssen ausreichend hoch sein, um dem Partner für dessen Drops und Smashs mehr Zeit zu verschaffen – hängt der Erfolg des Übens ab. Versteht den Zuspielpart nicht als lästige Pflicht, sondern als günstige Gelegenheit, Aufschlag und Unterhand-Clear zu trainieren!
Der Zuspieler bleibt aktiv und versucht, den geschmetterten Ball mit der Hand oder dem Schläger zu fangen (auch wenn's nur beim Versuch bleibt). Eine »lange« Abwehr zu fordern wäre noch zu früh, weil die »abgewehrten« Bälle für gewöhnlich die gesamte Halle beanspruchen und sich wenig an den vorgegebenen Flugkurven orientieren (außerdem wäre zur Abwehrtechnik noch einiges zu sagen).

Checkpoints 3 und 4: Schlagt – nach einem hohen Aufschlag – mindestens neun von zehn Drops über das Netz zurück. Versucht euer Glück erst aus dem Stemmschritt (Checkpoint 3), dann aus dem Umsprung (Checkpoint 4) heraus. Aufgepasst! Drops, die weiter als drei Meter ins Feld fliegen, gelten als Fehlschlag. Zielgebiet sollte der Bereich vor der Aufschlaglinie sein.

Checkpoints 5 und 6: Schlagt – nach hohem Aufschlag – mindestens neun von zehn Smashs über das Netz zurück. Wählt auch hier zuerst den Stemmschritt (Checkpoint 5), dann den Umsprung (Checkpoint 6).

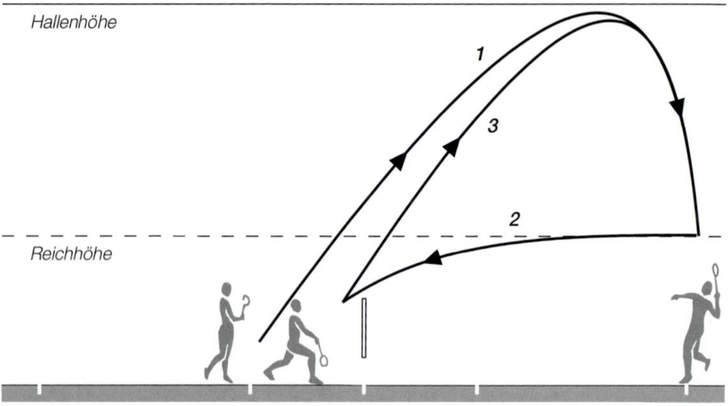

Übung zum Automatisieren von Drops und Unterhand-Clears: hoher Aufschlag (1) – Überkopf-Drop (2) – Unterhand-Clear (3)

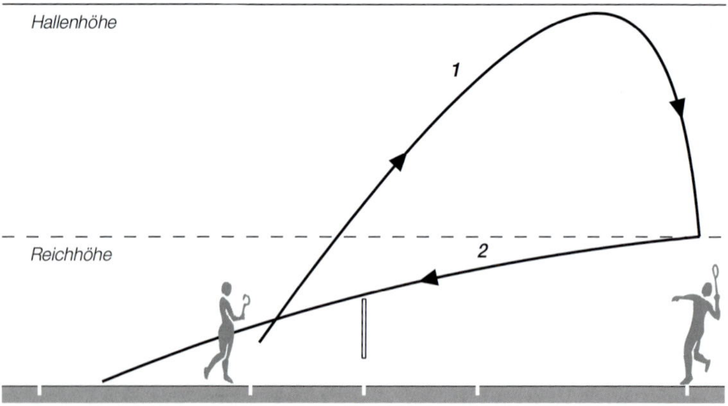

Die ersten Smashversuche sollten in der denkbar einfachsten Form erfolgen: hoher Aufschlag (1) – Smash (2)

Der Eigensinn der Schulter

Eine Schwierigkeit beim Erlernen sportlicher Techniken kann darin bestehen, dass nicht alle Elemente völlig neu erlernt werden müssen, sondern uns aus dem Alltag vertraut und schon »eingeschliffen« sind – allerdings in einer weniger effektiven Ausprägung. Und hier ist Umlernen schwieriger als Neulernen.
Beispiel: Ausholbewegungen zum Wurf. Die Alltagsform dieser Bewegung, die ja auch dem Ausholen zu den Überkopfschlägen zugrunde liegt, lässt zwar keine optimalen Leistungen zu, ist aber stark verfestigt.

Schulter zurück! Die Körperdrehung bringt Schwung in eure Überkopf-Schläge, ist jedoch nicht leicht zu automatisieren.

Wenn zum Beispiel der Anfänger nicht ganz konzentriert auf das Zurückführen der Schulter achtet, setzt sich das gewohnte Bewegungsmuster – nur der Arm holt aus – prompt durch.
Es genügt nicht zu wissen, wie es richtig gemacht wird, man muss sich immer und immer wieder zur richtigen Ausführung zwingen – so lange, bis der richtige, aber ungewohnte Bewegungsablauf automatisiert ist. Und dazu muss man ihn oft genug wiederholen, ihn systematisch einüben. Das einzig Tröstliche an dem bockigen Phlegma der Schulter ist, dass es anfangs beinahe allen so geht – geteiltes Leid ist halbes Leid! Und damit auch das halbe Leid bald vergeht, ein paar Tipps, wie man die Schulterdrehung automatisieren kann:

»Schulter-zurück«-Übungen

Federballweitwurf: Nehmt den Ball in der Ausholphase weit hinter den Körper zurück. Spürt, wie das Gewicht dabei auf dem hinteren Bein lastet, und drückt euch dann zum Wurf vom rechten aufs linke Bein ab (Gewichtsverlagerung). Variante mit Partner: Treibeball. Das Ziel besteht darin, seinen Gegner so weit ins Hinterfeld zu treiben, dass dieser den Ball nicht mehr übers Netz geworfen bekommt. Gestartet wird hinter der vorderen Aufschlaglinie. Die Bälle werden möglichst weit geworfen, und der Gegner versucht sie zu fangen. Von der Position, an der man den Ball gefangen hat (oder an der er zu Boden fiel), muss man auch werfen. Verloren hat derjenige, der es nicht mehr schafft, den Ball übers Netz zu werfen.

Tennisaufschläge: Es geht darum, in der Art der Tennisaufschläge den Ball so weit wie möglich zu schlagen. Dazu stelle man sich einen Tennisspieler beim Aufschlag plastisch vor: Er wirft mit der linken Hand den Tennisball nach oben, holt extrem weit aus und drischt kurz danach mit dem Schläger in seiner rechten Hand auf ihn ein. Das funktioniert natürlich auch mit Federball und Badmintonschläger! Wichtig dabei ist es, die rechte Körperhälfte erst nach hinten – vom Ball weg – zu drehen und beim Schlag wieder kraftvoll nach vorn zu bringen.

Erstes Zwischenziel erreicht!
Mit dem Aufschlag, den ersten Unterhandschlägen, mit Überkopf-Clear, -Drop, und –Smash habt ihr schon ein solides Repertoire an Schlägen erworben. Auch Ausfallschritt, Stemmschritt und Umsprung sind fürs erste ein ansprechendes, lauftechnisches Rüstzeug. Jetzt gilt es, diese Elemente effektiv zu verbinden, um sie schließlich im Spiel wirksam einsetzen zu können. Für den ersten Versuch, eure Fertigkeiten in einer komplexeren Übungsform unter Beweis zu stellen, ist der Drop-Test wie geschaffen:

Spiel auf dem halben Einzelfeld

Der Drop-Test

Voraussetzungen
- Drop aus dem Stemmschritt oder – noch besser – aus dem Umsprung wird beherrscht.
- Kurz gespielter Ball am Netz im Ausfallschritt befindet sich im Schlagrepertoire.
- Ein Zuspieler mit gutem, hohem Aufschlag und Unterhand-Clear sowie dem Willen zu ordentlichem Zuspiel steht zur Verfügung.

Ablauf

Der Zuspieler (Z) spielt abwechselnd immer einen hohen, langen und dann einen kurzen, flachen Ball. Der Übende (Ü) spielt jeden Ball kurz (also dicht hinters Netz) zurück. Z hat den bequemeren Part erwischt, denn er bleibt im Netzbereich, während Ü ständig den Laufweg vom Netz zur Grundlinie zurücklegt. Z könnte – um auch ein wenig von dem Test zu profitieren – nach jedem Schlag wieder etwas zur Spielfeldmitte rücken und erst zum Schlag im Ausfallschritt ans Netz kommen.

Schlagfolge

1. Schlag (Z): hoher Aufschlag
2. Schlag (Ü): Drop aus Umsprung/Stemmschritt
3. Schlag (Z): kurzer Ball
4. Schlag (Ü): kurzer Ball im Ausfallschritt
5. Schlag (Z): Unterhand-Clear
   usw.

Um die Belastung in vernünftigen Grenzen zu halten und einen ordentlichen Übungsfluss zu gewährleisten, findet der Drop-Test auf einem halben Einzelfeld statt.

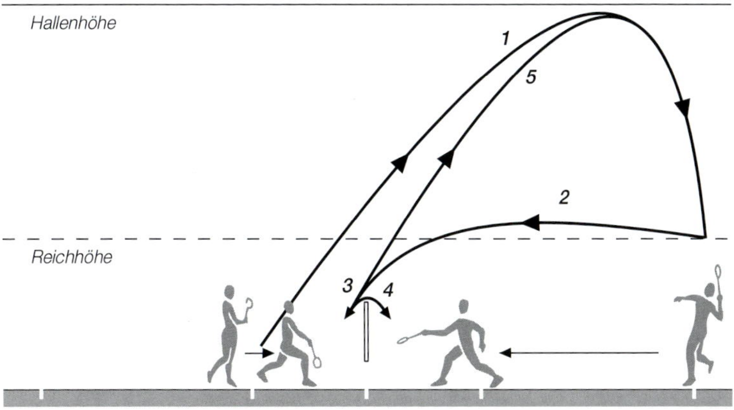

Der Drop-Test: hoher Aufschlag (1) – Drop aus dem Umsprung oder Stemmschritt (2) – kurzer Ball (3) – kurzer Ball im Ausfallschritt (4) – Unterhand-Clear (5) usw.

Wichtiger Hinweis für den Zuspieler
Der Drop-Test funktioniert nur dann, wenn der Zuspieler die von ihm gespielten Bälle dem Leistungsvermögen des Übenden anpasst. Bei Einsteigern ist es zweckmäßig, Bälle in den hinteren Feldbereichen möglichst hoch zu spielen und die kurzen Bälle ruhig etwas weiter ins Feld fliegen zu lassen.

Checkpoint 7: Absolviert ohne Unterbrechung zehn fehlerfreie Durchgänge (also jeweils zehn Drops und zehn kurze Bälle am Netz). Unterbrechen Fehler des Zuspielers euren Test, zählt ihr die Durchgänge ab dem Moment weiter, in dem der Fehler passierte.

Erweiterter Drop-Test

Bislang waren die Übungen doch recht statisch: Die Abfolge der Schläge war vorgegeben, und der Übende wusste schon vor seinem Schlag, wohin er anschließend laufen musste. Abwechslungsreicher (und spielnäher) wird der Drop-Test, wenn der Zuspieler seine Schlagalternativen nicht nach einem vorgegebenen Schema, sondern nach Gutdünken einzusetzen beginnt. Er könnte beispielsweise zwei- oder dreimal hintereinander kurze Bälle spielen, bevor wieder ein Unterhand-Clear an der Reihe ist.

Checkpoint 8: Spielt 20 Bälle eines variabel zuspielenden Drop-Testers hintereinander fehlerlos kurz hinters Netz. Damit ist Checkpoint 8 passiert.

Halbfeld-Einzel

Die grundlegendsten Techniken sitzen nun, und es ist an der Zeit, sie unter einem gewissen Druck zu testen: Spielt auf einem halben Einzelfeld ein Einzel nach Badmintonregeln.

Spielfeld zum »Halbfeld-Einzel«

Grundsätzliches für Badminton-Einsteiger

Die Erwartungshaltung

Es ist euch sicher schon aufgefallen, dass ihr häufig dann Schwierigkeiten habt, den Ball zu erreichen, wenn ihr eure Bewegung in eine bestimmte Richtung abstoppen und dann in eine ganze andere starten müsst. Beispielsweise habt ihr den Schwung eines Umsprunges in einen schnellen Lauf nach vorn umgesetzt, als überraschend noch ein Unterhand-Clear gespielt wird. Mit quietschenden Sohlen wechselt ihr die Richtung und kommt trotzdem zu spät. Die Beachtung der folgenden beiden Grundregeln erspart euch das Gequietsche und lässt euch den Ball sicherer erreichen:

- Balanciert sein, wenn der Gegner schlägt!
- Erst wenn der Ball den Schläger des Gegners verlassen hat, weiß man mit Sicherheit, wohin man laufen muss.

»Balanciert« bedeutet dabei nicht: völliger Stillstand und die Füße wie festbetoniert auf der Erde.
Die Körperhaltung, die in Erwartung eines Schlages eingenommen werden sollte, heißt Erwartungshaltung (oder auch Grundstellung).

Balanciert, beweglich und vor allem: hellwach!

Technikwissen Erwartungshaltung
- Hüft-, Knie- und Sprunggelenke sind gebeugt.
- Die Füße stehen mindestens schulterbreit auseinander.
- Das Gewicht ist gleichmäßig auf beide Füße verteilt. Die Hauptlast ruht auf den Ballen, die Fersen sind entlastet.
- Der Schläger wird vor dem Körper gehalten. Der Ellenbogen vor dem Körper sichert dem Arm die notwendige Bewegungsfreiheit.
- Die Aufmerksamkeit ist auf den Ball gerichtet.

Der günstigste Spielfeldbereich

Auch die perfekte Erwartungshaltung nützt wenig, wenn man auf dem falschen Fleck steht. Der günstigste Spielfeldbereich für das Einnehmen der Grundstellung liegt im Einzel in der Mitte des Feldes (= Zentraler Bereich). Versucht, nach jedem Schlag wieder in den Zentralen Bereich zurückzukehren! Erreichen solltet ihr ihn möglichst dann, wenn euer Gegner schlägt. Die beste Position im Zentralen Bereich ist abhängig von der Schlagposition des Gegners, der Spielweise des Gegners und den eigenen lauftechnischen Möglichkeiten:

- Wählt eure Erwartungshaltung so, dass ihr frontal zur Schlagposition des Gegners steht. Habt ihr also den Ball in die (von euch aus) linke, hintere Ecke geschlagen, seid ihr im Zentralen Bereich etwas nach links gedreht.
- Schlägt euer Gegner unangenehme Drops, stellt ihr euch darauf ein, den Ball etwas dichter am Netz zu erwarten. Werdet ihr durch seine Clears unter Druck gesetzt, dann haltet euch eher im hinteren Teil des Zentralen Bereichs auf.

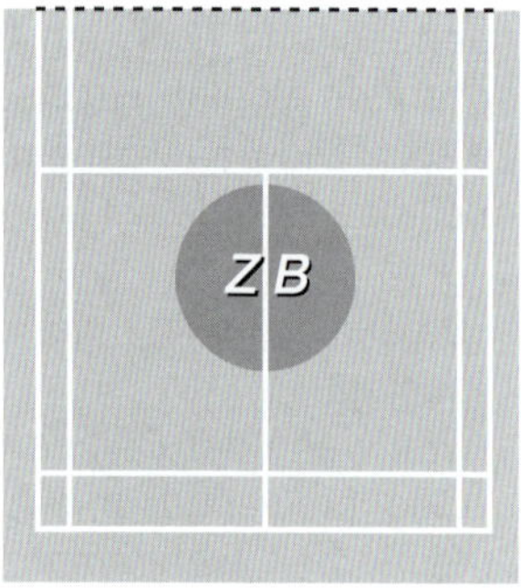

Der Zentrale Bereich im Einzel

- Auch eigene Schwächen der Beinarbeit kann man durch geschicktes Stellungsspiel kaschieren: Fallen euch die Laufwege nach vorn schwerer, steht ihr entsprechend weiter vorn, und umgekehrt!

tipp

Eine gute Möglichkeit, die Erwartungshaltung im exakt passenden Zeitpunkt einzunehmen, ist, die Luft beim »Eingleiten« in die Erwartungshaltung anzuhalten und, sobald ihr auf den Schlag reagiert, wieder auszustoßen. Es geht dabei weniger um eure Atemtechnik als um den kurzen Augenblick der Ruhe.

Um das Einnehmen der Erwartungshaltung im rechten Moment zu üben, lässt sich der erweiterte Drop-Test als effektive Trainingsform einsetzen. Ein halbes Einzelfeld ist weiterhin groß genug! Versucht sehr bewusst, in dem Augenblick, in dem der Zuspieler den Ball trifft, balanciert zu sein. Dabei kommt es vornehmlich auf euren Rhythmus an.

Betrachtet den Start nach der »Ruhepause« immer wieder als Auftakt für den Weg zum Ball. So ist der Weg zum Ball optimal vorbereitet, und davon profitiert dann wiederum der Schlag! Der Zuspieler sollte den Übenden immer wieder an die Erwartungshaltung erinnern. Steckt euch als Ziel, bei allen Übungen und Spielen auf eure Balance im Zentralen Bereich zu achten. Ausgenommen sind hier selbstverständlich all jene, die die hohe Kunst des Spekulierens lieben. Nach einem kurzen Ball am Netz stehen zu bleiben und zu hoffen, dass der nächste Ball wieder kurz gespielt wird, ist riskant, hebt euch aber vom durchsichtigen und braven Teil der Badmintonbevölkerung ab.

Die Unterarmdrehung

Da euer Spiel nun langsam beginnt, professionelle Züge anzunehmen, ist es an der Zeit, ein weiteres Geheimnis zu lüften. Das vielleicht wichtigste Element beinahe aller Schlagtechniken ist die Unterarmdrehung – biederer Name, große Wirkung.
Ein fallen gelassener Tennisball verformt sich beim Aufprall auf den Boden, strebt sofort zu seiner alten Form zurück und springt wieder nach oben ab. Der Federball – ganz gleich ob aus Naturfedern oder Plastik – besitzt diese Eigenschaft nicht. Höchstens ein paar müde Zentimeter bewegt er sich noch nach dem Bodenkontakt, um sich dann sofort zu beruhigen. Damit dennoch eine hohe Geschwindigkeit des Balles erzielt werden kann, gilt es, den Schläger(-kopf) bis zum Balltreffpunkt so stark wie nur möglich zu beschleunigen. Mit dem Schwung aus Armstreckung und Körperdehnung gelingt das nur unvollkommen. Zusätzlich »Fahrt« gewinnt der Schlägerkopf, wenn man ihn durch eine Unterarmdrehung weiter beschleunigt. Der Unterarm sollte dabei nicht wie ein Scheibenwischer hin- und herschwenken, sondern – wie beim »Schraubenziehen« – in sich selbst gedreht werden!

Um eine geläufige Bewegung aus dem Alltag heranzuziehen: Stellt euch vor, ihr befindet euch auf einer Silvesterparty. Ihr tragt eine Armbanduhr um das rechte Handgelenk und ein volles Sektglas in der dazugehörigen Hand. Jemand fragt euch nach der Uhrzeit. Ihr fallt darauf herein und schaut, aus Höflichkeit sehr schnell, auf eure Uhr. Der Sekt ist weg, aber ihr habt badmintongerecht den Unterarm wie bei einem Vorhandschlag gedreht – und wisst, wie spät es ist!
Diese Bewegung ist Grundlage für beinahe alle Schläge im Badminton. Wer den raschen Fortschritt im Visier hat, sollte diese Drehung wirklich bis zum Exzess trainieren! Wichtig: Der Arm ist im Ellenbogengelenk leicht gebeugt. Das Handgelenk muss dabei fest bleiben!

»Scheibenwischer«: Beim Scheibenwischen dreht sich der Oberarm im Schultergelenk. Auch eine kraftspendende Bewegung beim Badminton, allerdings wird der Schläger dadurch nicht sehr stark beschleunigt.

»Schraubenzieher«: Die Bewegung ähnelt der des Schraubenziehens. Die Unterarmdrehung ist das wichtigste Element bei (fast) allen harten Schlägen.

Das Handgelenk im Badminton

Das Handgelenk ist schnell Gesprächsthema, wenn man über Badmintontechnik plaudert. Doch selbst in der Badmintontrainerschaft wird der Handgelenkeinsatz kontrovers diskutiert. Auf zwei kleine, gemeinsame Nenner kann sich die Fachschaft aber einigen:

- Das Handgelenk spielt als Kraftspender zur Beschleunigung des Schlägers bei druckvollen Schlägen keine große Rolle.
- Bei einigen Schlägen (z.B. Finten am Netz) unterstützt der Handgelenkeinsatz jedoch den Schwung.

Jonglieren mit Unterarmdrehung: Jongliert einen Federball unter Einsatz der Unterarmdrehung. Der Schläger beschreibt dabei vor euch einen Halb-, wenn nicht sogar Dreiviertelkreis.

tipp

Für das Einüben der schnellen Unterarmdrehung bieten sich vorzüglich die Werbeblöcke im Fernsehen an. Sitzt bequem im Sessel und übt mit dem Schläger in der Hand, bis dabei jenes Zischen entsteht, das höchste Geschwindigkeit signalisiert. Die Verständnislosigkeit eurer Mitbewohner wird sich mit der Zeit (und eurer zwangsläufig steigenden gesunden und sportlichen Ausstrahlung) legen.

Bälle an die Decke schießen: Nachdem ihr anfänglich auf einen möglichst senkrechten Ballflug und den Halbkreis des Schlägerweges achtet, sollt ihr später die Dynamik dieser Bewegung etwas intensiver ausleben. Schlagt den Ball mit mehr Schmackes, wenn möglich gegen die Decke (erst zu Hause, dann in der Halle...).

Lockere Unterhandschläge: Ihr steht euch zu zweit gegenüber (mit oder ohne Netz dazwischen) und spielt euch in hohem Bogen den Ball zu (ähnlich der vorhergehenden Übung).

Auch bei Rückhandschlägen wird der Ball durch die bewusste Unterarmdrehung zusätzlich beschleunigt, nur eben in entgegengesetzter Richtung. Wer schon einmal einem Maurer beim Verputzen zugeschaut hat, weiß sofort, wie diese Bewegung abläuft: Nachdem sich der Maurer den Mörtel auf die Kelle geladen hat (Handgelenk weist nach oben), wird der Mörtel mit einer schnellen Unterarmdrehung nach rechts gegen die Wand geschleudert. Weitere Hinweise und Tipps zur Unterarmdrehung bei den entsprechenden Schlägen findet ihr in dem entsprechenden Kapitel in Etappe 2.

tipp

Bei Vorhand-Unterhandschlägen seht ihr, wenn ihr darauf achtet, vor dem Schlag die Fingerspitzen am Griff liegen, nach dem Schlag euren Handrücken.

Spiel aus dem Hinterfeld (II): Überhandschläge

Rückhand-Überhandschläge

Eine lang geschlagene Rückhand, möglichst noch diagonal übers ganze Feld, ist für viele Spieler ein gern geträumter Traum. Für die meisten bleibt's auch dabei, denn technisch gesehen ist dieser Schlag eine der größten Herausforderungen im Badminton überhaupt. Eine gekonnte Unterarmdrehung ist aber bereits die halbe Miete für alle weiten Rückhandschläge.

Bewegungsbeschreibung
Der Schläger zeigt am Anfang der Ausholbewegung schräg (vom Netz weg) zur Hallendecke. Der Oberarm wird dann bei gleichzeitigem Anheben des Ellenbogens einwärts gedreht (der Schläger zeigt zum Boden). Übergangslos erfolgt nun eine schnellkräftige Drehung des Oberarms in Verbindung mit einer Streckbewegung (aber nicht vollständig!) des Ellenbogengelenks (Schwungschleife nicht vergessen). Kurz vor dem Treffpunkt verleiht die schnellkräftige Unterarmdrehung dem Schläger zusätzlich Schwung. Der Treffpunkt liegt rechts oben vor dem Körper und erfolgt gleichzeitig mit dem Aufsetzen des Fußes (s. Fotoreihe S. 64).

tipp

- Beobachtet den Ball möglichst bis zum Treffpunkt.
- Zeichnet bei der Schwungschleife ein »U« vor euch in die Luft.

Der Rückhandgriff
Es gibt kein Dogma, das für einen bestimmten Schlag eine einzig richtige Art und Weise, den Schläger zu halten, vorschreibt. Einige Griffhaltungen unterstützen jedoch bestimmte Schlagtechniken und sind somit besonders zweckdienlich. Der Rückhandgriff bringt durch den verstärkten Daumendruck viel Schwung in eure Unterarmdrehung. Lasst euch bei der Gewöhnung ausreichend Zeit, denn anfangs ist jede neue Griffhaltung unbequem.

Rückhand lernen in drei Schritten

Was im Folgenden in drei Schritten skizziert wird, ist in der Realität oft ein Marathon. Meist dauert es Monate, wenn nicht sogar Jahre gezielten Trainings, bis der gewünschte Bewegungsablauf automatisiert ist. Erwartet also nicht zu früh zuviel und feiert die kleinen Erfolge. Später könnt ihr mit dieser Bewegung einen Clear, einen Drop oder sogar Smash schlagen – je nach Treffpunkt und Schlaggeschwindigkeit.

Rückhandgriff: Der Daumen kann verstärkt eingesetzt werden.

1. Schritt: Unterarm- und Oberarmdrehung

Der Partner wirft die Bälle zu, der Übende schlägt locker mit der Rückhand zurück.

Ausgangsstellung: Der »Rückhandlehrling« steht im Ausfallschritt in der hinteren Rückhandecke des Feldes, Ellenbogen oben, Schulter fixiert (aber nicht verkrampft!), der Schlägerkopf zeigt schräg nach unten. Der Ball wird so zugeworfen, dass er »schräg-rechts-oben« vor dem Körper getroffen werden kann (Flieger und Darter würden sagen: Balltreffpunkt auf 2.00 Uhr).

Werft den Ball von unten nach oben und in hohem Bogen, damit der Partner den Ball möglichst lange beobachten kann.

Bewegungsablauf: Durch Oberarm- und Unterarmdrehung wird der Schläger nach oben gegen den Ball beschleunigt. Schulter, Ellenbogen und Handgelenk bleiben fixiert. Erstes Augenmerk liegt darauf, den Ball mit dieser Bewegung überhaupt zu treffen. Gelingt das, dann beginnt mit lockeren Schlägen (Drop) übers Netz.

tipp

Das Ziel besteht nicht darin, den Ball durch die gesamte Halle zu schießen. Mit diesem Vorsatz im Kopf verkrampft man leicht und neigt zum Schulter- und Oberkörpereinsatz. Für eine gute Technik und einen erfolgreichen Schlag ist es aber bedeutsam, Oberkörper und Schulter »ruhigzustellen«. Also bremst euch!

Schwungschleife bei einem Rückhandschlag: Es wird eine hohe Vorspannung aufgebaut: Der Ellenbogen ist bereits angehoben, während der Schläger nach unten zeigt und der Arm sich zu strecken beginnt (1,2). Im Treffpunkt des Balles (3) hat der Schläger eine hohe Geschwindigkeit. Diese wird durch festes Zupacken im Moment des Ballkontakts auf den Schlägerkopf übertragen (Peitscheneffekt). Anschließend setzt sich die Unterarmdrehung im Ausschwung fort (4).

Der Schwung kommt (vorerst) ausschließlich aus dem Heben und Drehen des Unterarms! Fangt im Zeitlupentempo an und steigert dann die Geschwindigkeit. Nicht ärgern, wenn ihr nicht jeden Ball trefft.

2. Schritt: Schleife und Armstreckung kommen dazu
Der Partner wirft die Bälle zu. Ausgangsstellung wie Bewegungsablauf beim ersten Schritt. Durch die Schleifenbewegung wird die Beschleunigung verstärkt. Der Arm wird im Ellenbogengelenk beim Heben und Drehen des Unterarmes leicht (aber nicht ganz!) gestreckt.

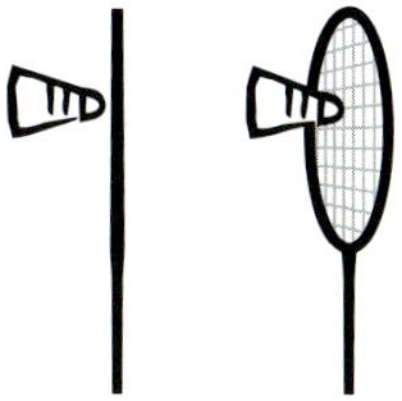

richtig falsch

Nur bei einem frontal getroffenen Ball ist die Kraftübertragung optimal. Eine schräg gestellte Schlagfläche (Bespannung ist nicht zum gewünschten Zielgebiet ausgerichtet) verschenkt beim Treffen des Balles viel Schwung.

3. Schritt: Rückhand im Ausfallschritt
Der Partner serviert einen hohen Aufschlag in die Rückhandecke. Der Übende erläuft den Ball (Laufschritte, letzter Schritt zum Schlag: Ausfallschritt); Schlag wie beim zweiten Schritt. Das Aufsetzen des Fußes zum Ausfallschritt fällt mit dem Treffen des Balles zusammen; der Rücken ist dem Netz zugewandt. Haltet den Oberkörper im Moment des Schlages möglichst ruhig.
Spielt mit der Rückhand zuerst kurze Bälle (Drops). Wenn das klappt, dann steigert die Schlaghärte und damit die Fluglänge.

tipp

Schlagt so, dass ihr während der gesamten Bewegung bis zum Treffpunkt euren Handrücken sehen könnt!

Safer Badminton: Bringt den Arm bei keinem Schlag ganz zur Streckung! Die Elle knallt sonst ins Ellenbogengelenk. Bald würden Schmerzen eine Überbeanspruchung signalisieren.

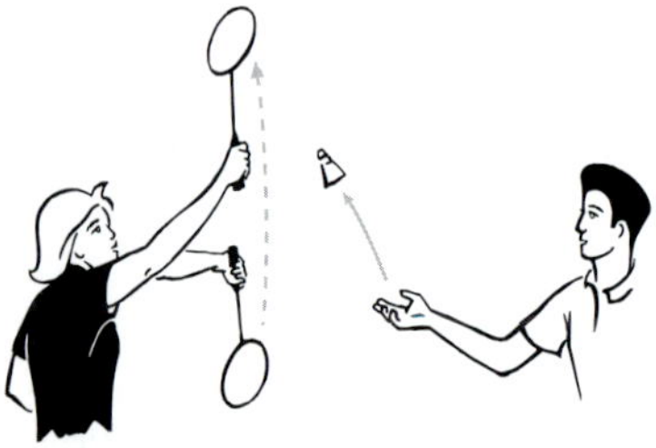

Der erste Schritt beim Erlernen der Rückhand: Der Schlag besteht nur aus Ober- und Unterarmdrehung.

Der zweite Schritt: Die Schwungschleife kommt dazu. Zeichnet die gestrichelte Linie in die Luft, als ob eure Schlägerspitze ein Stift wäre.

tipp

- Die Rückhand ist ein lockerer Schlag. Gestaltet also den Schwung bewusst locker, und erhöht erst im Moment des Balltreffpunktes den Druck eurer Finger auf den Griff!
- Die Schlagfläche soll beim Balltreffpunkt nicht schräg zum Ball stehen.
- Nutzt wieder die Akustik zur Kontrolle, ob der Schläger den Ball schräg oder gerade trifft. Nur ein frontal getroffener Federball gibt jenen bewussten kernigen, lauten Knall von sich.

Vorhand-Überhandschläge

Um das gesamte Feld zu beherrschen, fehlt euch in eurer Techniksammlung noch ein Schlag aus der hinteren Vorhandecke. Wenn die Zeit es erlaubt, das heißt, wenn der Ball z.B. nach einem Unterhand-Clear im hohen Bogen dorthin unterwegs ist, könnt ihr den Überkopfschlag wahlweise aus dem Stemmschritt oder Umsprung anwenden. Für schnelle Bälle, also einen Schlag unter großem Zeitdruck, fehlt allerdings noch ein passendes Bewegungsprogramm. Vorhand-Überhandschläge sind hier die passende Alternative.

Schon auf dem Weg in die Schlagposition beginnt die Ausholphase. Der Treffpunkt des Balles ist rechts neben dem Körper. Versucht, den Ball so hoch wie möglich zu treffen!

Da die Zeit fehlt, den Körper hinter den Ball zu bringen, entfällt bei diesem Schlag der Körpereinsatz fast gänzlich. Der Schläger wird durch Schwungschleife, Unterarmdrehung und Armstreckung beschleunigt. Der Schlag wird im Ausfallschritt ausgeführt. Der Ball wird beim Aufsetzen des Fußes getroffen.

Aus dieser Position lassen sich Clear, Drop und Smash sowie der später vorgestellte Drive produzieren.

Vorhand-Überhandschlag: Ausgangsposition (1) Laufschritt mit dem linken Bein (2) Bei der Vorbereitung des Ausfallschritts ist der Schläger bereits hinter dem Körper (3) Beginn der Schlagphase mit Unterarmdrehung (4). Balltreffpunkt seitlich neben dem Körper (5). Am Ende der Ausschwungphase ist der Schlägerkopf durch die Unterarmdrehung nach unten gerichtet (6).

tipp

Um die Ausholbewegung frühzeitig einzuleiten, stellt euch vor, euer Schläger zieht euch in die Ecke hinein.

Übungsreihe zum Vorhand-Überhandschlag

1. Schlag »trocken« (ohne Ball), aber mit Ausfallschritt ausführen. Erst langsam, dann schneller werdend.
2. Drop als Antwort auf einen Aufschlag
   Zuspieler: hoher Aufschlag in die Vorhandecke (kann ruhig etwas flacher ausfallen)
   Übender: gerader Drop
3. Zur Verbesserung der Schlagsicherheit Auftakt wie in der vorherigen Übung, dann Ballwechsel wie folgt: Zuspieler spielt den Ball locker in den Zentralen Bereich (Übungsfluss soll ja erhalten bleiben und nicht der Partner ausgespielt werden).
   Übender spielt kurz hinters Netz zurück.
   Zuspieler: Unterhand-Clear in die Vorhandecke des Übenden und das Spielchen beginnt von vorn.
4. Aus dem Vorhand-Überhandschlag – Smash oder Clear
   Zuspieler: hoher Aufschlag
   Übender: Smash oder Clear (Übung nur zum Ausprobieren)

tipp

Achtet auf euren Schläger (oder bittet jemanden, auf ihn zu achten). Zeigt dieser im Ausschwung zur Erde, habt ihr euren Unterarm ordentlich gedreht. Die Unterarmdrehung ist bei diesem Schlag (aufgrund der fehlenden Körperdrehung) wertvoller denn je!

Endspurt!
Ihr befindet euch auf der Zielgeraden der ersten Etappe. In welchen Feldbereich der Partner auch schlägt, ihr habt stets einen zweckmäßigen Schlag parat, und auch mit euren Beinen wisst ihr badmintongerecht umzugehen. Zum standesgemäßen Abschluss einer Etappe gehört natürlich ein Endspurt:

Checkpoint 9
Drop-Test auf dem ganzen Feld: Spielt 30 Bälle eines variabel (und ruhig etwas gemeiner) auf dem ganzen Feld zuspielenden Drop-Testers hintereinander fehlerlos kurz hinters Netz. Damit habt ihr Checkpoint 9 hinter euch gelassen! Es ist Zeit für ein Spiel ohne Auflagen auf dem gesamten Feld.

Einzel auf dem ganzen Feld

Spielt nach Badmintonregeln Einzel gegeneinander. Versucht – bei aller Spielfreude – das Gelernte anzuwenden!

Übungsreihe zum Vorhandüberhandschlag: Hoher Aufschlag in die Vorhandecke (1) – Grader Drop (2) – Ball in den Zentralen Bereich (3) – Ball kurz hinters Netz (4) – Unterhand-Clear in die Vorhandecke (5) usw.

Etappe II: Vom Badminton-Azubi zum Spieler

Verbesserung der Lauftechnik

Gut gelaufen ist halb geschlagen

Badminton ohne Lauftechnik ist wie Kanu fahren ohne Paddel: Man erreicht sein Ziel selten und wenn doch, dann zu spät. Wer sein Spiel wirklich verbessern will, der kommt am Training der Beinarbeit nicht vorbei, denn ohne den schnellen Weg in die richtige Schlagposition liegt auch das ausgefeilteste Schlagrepertoire brach, und der Ärger ist groß. Der wohl gewichtigste Vorteil einer guten Lauftechnik ist die daraus resultierende optimale Stellung zum Ball. Geübte Füße lassen euch in genau die Position gelangen, in der ihr den Ball trefft. Nach einiger Zeit entwickelt man einen ökonomischen Laufrhythmus und spart dabei Kraft. Durch Rhythmus und die gesteigerte Balance wird der Körper vor Stolpereien bewahrt, die üble Verletzungen nach sich ziehen können. Ganz nebenbei bemerkt, sehen geschmeidige Bewegungen eben eleganter aus als tapsige Stelzschritte. Es lohnt sich also allemal, seine Beine mit einer ordentlichen Lauftechnik auszustatten!

Die Basislauftechniken

Die beiden lauftechnischen Grundelemente beim Badminton sind Laufschritte und Nachstellschritte.
Laufschritte kennt jeder aus dem Alltag (vom Joggen oder Gehen). Sie sind raumgreifend und kraftsparend, auf kurze Distanzen (die ersten ein oder zwei Schritte) aber langsamer als Nachstellschritte. Nachstellschritte sind z.B. die von Fechtern benutzten Schritte. Das rechte Bein führt, das linke darf nicht überholen (oder umgekehrt). Kurze Strecken lassen sich mit Nachstellschritten sehr schnell zurücklegen, was aber über das gesamte Spiel verteilt Kräfte raubt.

In der Sportart der schnellen Richtungswechsel sind unsere Beine vor allem koordinativ gefordert. Wer sich nicht länger über verpasste Bälle ärgern und über trotz grandiosen Spurts doch verschlagene Bälle grämen möchte, findet im Folgenden Anregungen, wie er schneller zum Ball und sofort in die richtige Schlagposition kommt. Nicht alle Übungen zielen auf das Eintrimmen der lehrbuchgerechten Beinarbeit ab, sondern sollen zunächst die notwendigen

Voraussetzungen verbessern. Und dazu gehört in erster Linie die Laufgewandtheit.

Übungen zur Beinarbeit

Seitliche Nachstellschritte: Lauft nicht auf dem ganzen Fuß, sondern auf den Ballen. Bewegt euch zwischen den Seitenlinien des Doppelfeldes hin und her. Seid dabei nicht zu aufrecht! Knie- und Hüftgelenke sind gebeugt.

Als Partnerübung: Die Partner stehen einander von Angesicht zu Angesicht, etwa 1 m voneinander entfernt, gegenüber. Der eine bewegt sich über das Feld, der andere vollzieht seine Bewegungen möglichst präzise und ohne Verzögerung nach.
Mit geschlossenen Augen: Die Übenden stehen sich gegenüber, wobei einer die Augen geschlossen hat, und die Fingerspitzen berühren sich. Der »Nichtsehende« lässt sich durch die Hände des Partners leiten. Den Richtungswechsel solltet ihr aus verständlichen Gründen rechtzeitig vor der Hallenwand einleiten.

»Schattenlaufen«: Wer einen schweren Tag hatte, kann sich hier richtig gehen lassen. Einer gibt im Laufen Bewegungen vor, der andere folgt und imitiert diese. Je nach Kreativität, Trainingsehrgeiz und Gemütszustand des Vortänzers stößt man beim Schattenlaufen häufig oder seltener an die Grenzen seines Bewegungsvermögens. Eine sehr gute Schule fürs Körpergefühl!

»Quadratlatschen«: Stellt vier Federbälle im Quadrat auf. Das Quadrat sollte genau so groß sein, dass ihr aus der Mitte mit einem großen Ausfallschritt einen Fuß direkt vor jeden der vier Federbälle setzen könnt. Trainiert werden sollen jetzt große Ausfallschritte und schnelle Drehungen um die eigene Achse. Zwischen den Ausfallschritten findet ihr immer wieder mit einem Rebound-Sprung (s. S. 73) in die Mitte zurück. Der Rebound-Jump wird dabei so gesetzt, dass ihr zum Netz gewandt landet.

Aerobic: Aerobic ist eine exquisite Trainingsform, um Fitness und Rhythmusgefühl zu steigern. Wann immer sich also die Gelegenheit bietet, dann schlüpft in die Stulpen hinein und legt los.

Seilspringen: Seilspringen in nur allen erdenklichen Variationen verbessert die Koordination von Arm- und Beinbewegungen und fördert ganz nebenbei die Fitness.

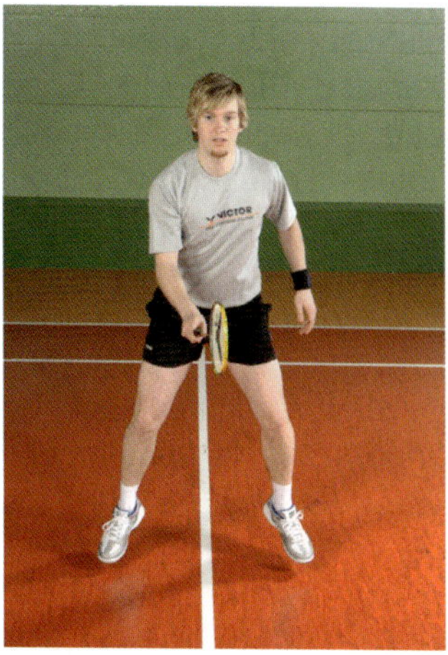

Der Rebound-Jump sorgt für die nötige Vorspannung in der Erwartungshaltung.

Nach dem Schlag zurück zur Mitte

Versucht, nach jedem Schlag unverzüglich wieder in den Zentralen Bereich zu gelangen, und zwar genau in dem Augenblick, in dem euer Gegner schlägt. Der Weg aus der Schlagposition zurück in den Zentralen Bereich kann mit Nachstellschritten und/oder Laufschritten zurückgelegt werden. Schließt die Bewegung in den Zentralen Bereich mit einem Sprung aus dem letzten Schritt in die Erwartungshaltung ab. Dieser sogenannte Rebound-Jump sorgt für Balance und die für die nächste Bewegung vorteilhafte Vorspannung. Seht den Sprung jedoch nicht als eigenständige Aktion an; er ist die Vorbereitung auf den Start in die nächste Laufrichtung.

Körperspannung

Wer einen Sport erfolgreich betreiben will, muss in der Lage sein, das Wechselspiel zwischen Körperspannung und –entspannung situationsgerecht zu steuern. So versetzt beispielsweise ein Torwart seinen Körper kurz vor dem Schuss des Gegners in höchste Alarmbereitschaft, während er nach einem langen Abschlag seinen Körper entspannt. Das Geheimnis des Erfolges liegt in der Dosierung der Spannung. Die Alarmbereitschaft des Keepers nützt wenig, wenn seine Muskeln verkrampfen. Die höchste Leistungsbereitschaft erreicht ein Muskel aus leicht vorgespanntem Zustand. Eine völlige Entspannung nach der Aktion ist nicht unbedingt angebracht, da der erneute Spannungsaufbau nach einer Totalentspannung oft schwer fallen kann (gute Torleute halten sich in Bewegung, auch – oder gerade – wenn sie für längere Zeit »unterbeschäftigt« sind). Ein Moment großer Körperspannung beim Badminton ist der Augenblick, in dem der Gegner den Ball schlägt. Erst ab diesem Zeitpunkt ist die durch den Ballflug diktierte eigene Bewegungsrichtung erkennbar. Der Rebound-Jump sorgt für die angemessene Vorspannung.

tipp

Startet explosiv vom Zentralen Bereich! Das erhält euch die Chance, den Schlag ohne größeren Zeitdruck auszuführen. Ein langsamer Start dagegen zwingt euch am Ende des Laufweges zu unnötig schnellen Bewegungen (falls ihr den Ball dann überhaupt noch erreicht), worunter Balance und Schlaggenauigkeit leiden und der Richtungswechsel von der Schlagposition in den Zentralen Bereich zurück erschwert wird.

Spiel aus dem Vorderfeld (II)

Lauf ins Vorderfeld

Für den Weg aus dem Zentralen Bereich ans Netz gibt es zwei verschiedene Lauftechniken:

- Lauf mit Laufschritten
- Lauf mit Nachstellschritten

Der Lauf zum Netz

- Beginnt den Lauf zum Netz aus dem Zentralen Bereich zunächst in äußerst langsamem Tempo.
- Geht die Schritte im »Bummeltempo« bis zum Ausfallschritt und sprecht das aktive Bein in Gedanken oder hörbar an, z.B. »Rechts – links – rechts.«
- Steigert dann das Tempo und versucht, einen stabilen, ökonomischen Laufrhythmus zu entwickeln. Musikbegleitung (z.B. aus

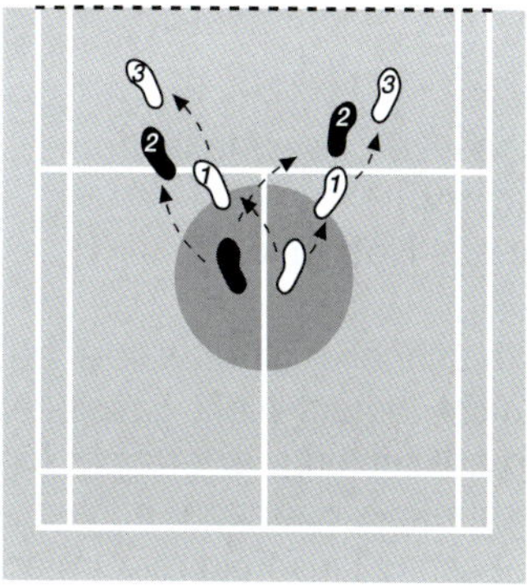

Fußabdrücke eines perfekten Laufes zum Netz mit Laufschritten...

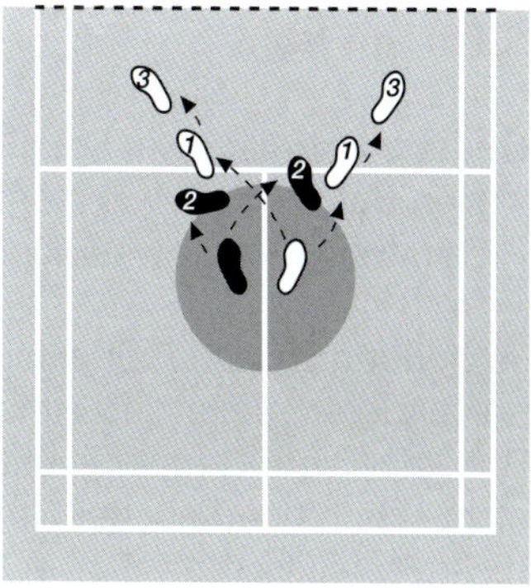

...und mit Nachstellschritten

dem mp3-player: »Sweet home Alabama» von Lynyrd Skynyrd) kann, wenn der Rhythmus stimmt, unterstützend wirken.
- Der Ausfallschritt beendet den Lauf nach vorn. Achtet darauf, dass ihr dabei zuerst die Ferse aufsetzt und die Fußspitze dabei in Laufrichtung weist.

Sich diese Schrittkombinationen anzueignen ist schwerer, als man denkt. Es mag für so manchen tröstlich sein, dass selbst gestandene Akademiker nach ausgiebiger Erklärung schließlich doch mit dem falschen Bein starten.

Der Lauf zurück
- Der Abdruck für den Weg zurück zur Mitte erfolgt durch das vordere (rechte) Bein (spürt eure Oberschenkelmuskulatur im rechten Bein!).
- Beim Weg zurück zum Zentralen Bereich wird der Ball nicht aus den Augen gelassen. (Einzige Ausnahme: die ersten Übungen, die noch ohne Ball absolviert werden.) Dreht euch beim Zurücklaufen nicht um.

Spiel am Netz

Oberste Priorität beim Spiel am Netz besitzen zwei Maximen:
- Den Ball so hoch wie möglich annehmen
- Den Ball so dicht wie möglich hinter das Netz spielen

Je höher man den Ball annimmt, desto schneller ist er wieder auf der anderen Seite des Netzes. Ein dicht hinters Netz gespielter Ball kann vom Gegner – unter der Voraussetzung, er erreicht ihn nicht schon oberhalb der Netzkante – nur kurz oder sehr hoch zurückgespielt werden. D.h. er kann nicht schnell ins Feld retourniert werden. Außerdem besteht eine große Wahrscheinlichkeit, dass der Gegner den Ball ins Netz schlägt.

Präzisionsarbeit zwischen zart und dynamisch: Das Spiel am Netz erfordert Konzentration und Ballgefühl.

Die Lauerstellung

Da eurem Gegner, wenn ihr den Ball dicht hinters Netz gespielt habt, nur das Netzspiel oder ein sehr hoher Unterhand-Clear bleibt, wäre es unsinnig, sofort nach dem Schlag zurück in den Zentralen Bereich zu laufen. Stattdessen geht ihr nur einen Nachstellschritt zurück in die Lauerstellung, um den kurzen Ball aggressiv annehmen zu können. Auch den Unterhand-Clear erreicht ihr – aufgrund seiner langen Flugzeit – aus dieser Position problemlos. Erst an zweiter Stelle sollte man versuchen, den Ball auch noch dicht über das Netz fliegen zu lassen. Ein dicht übers Netz, aber weit ins Feld gespielter Ball ist meist wenig effektiv. Der Weg des Gegners aus dem Zentralen Bereich ist kürzer, er läuft weniger Gefahr, den Ball ins Netz zu schlagen, und hat noch alle Möglichkeiten, den Ball schnell ins Feld zu spielen.

Lauerstellung: Nach einem dicht hinters Netz gespielten Ball wird der Return nicht im Zentralen Bereich erwartet, sondern an der Aufschlaglinie.

tipp

Lieber dicht hinters Netz als knapp darüber! Einen Nachteil können diese haarscharfen Bälle hinter das Netz jedoch haben: Für den Gegner ist es leichter, einen netznahen Ball selbst präzise hinters Netz zu spielen. Stellt ihr fest, dass euer Gegner eure kurzen Bälle sehr unvorteilhaft für euch zurückspielt, dann setzt eure Netzbälle etwas weiter ins Feld hinein oder variiert die Entfernung zumindest.

Abhängig von der Schlagposition, den eigenen technischen Fertigkeiten und der gewünschten Flugbahn des Balles gibt es vier Techniken des Netzspiels:
- Heben
- Stechen
- Schneiden
- Cross am Netz

Heben am Netz
Die Netzspieltechnik, die angewendet wird, wenn der Ball weiter vom Netz entfernt oder sehr tief geschlagen werden muss, ist das Heben am Netz. Es ist eigentlich ein extrem kurzer Unterhand-Clear. Der Ball wird durch eine Schiebebewegung des gesamten Armes gehoben, wobei die Schlägerfläche von unten nach oben zum Ball geführt wird. Technisch bedeutet dieser Schlag keine Herausforderung.

Das fundierte Fachwissen der Autoren führt zu ungeahnten Techniken und Trainingsmöglichkeiten. Dabei gehört das «Heben am Netz» eher zur Grundausstattung im Schlagrepertoire eines Badmintonspielers. Lange hatte das Lektorat gegen diesen Kalauer gekämpft – am Ende siegte das Gute!
Mystery-Marketing: www.bierbel.de

Heben am Netz zu zweit: Da Heben keine anspruchsvolle Technik verlangt, sondern lediglich gutes Ballgefühl, heißt die Lernmethode »learning by doing«. Hebt euch den Ball zu zweit übers Netz zu. Das rechte Bein sollte dabei vorn sein.

Checkpoint 10: Hebt mindestens neun von zehn zugeworfenen Bällen so, dass sie nicht mehr als eine Schlägerlänge weit hinter dem Netz landen. (Legt zur Kontrolle wirklich einen Schläger hinter das Netz.) Versucht euch mit Rückhand und Vorhand.

Stechen

Eine anspruchsvolle Technik des Netzspiels ist das Stechen. Der Ball wird hierbei zum Trudeln gebracht und ist damit für den Gegner schwerer zu kontrollieren.

Bewegungsbeschreibung: Die Bezeichnung »Stechen« ergibt sich aus dem Bewegungsbild dieser Technik. Ähnlich einem Fechter, der seinen Gegner sticht, wird der Schläger in Richtung Netz geschoben. Die Schlägerspitze zeigt dabei zum Netz. Der Schwung stammt aus der Körperbewegung zum Netz und einer leichten (nicht vollständigen!) Streckung des Armes. Der angestrebte Ballflug kann etwas höher als beim Heben sein, sollte aber dicht hinter das Netz führen!

tipp

- Lasst während des gesamten Weges in die Schlagposition eure Schlägerspitze zum Netz zeigen. Stellt euch vor, euer Arm läuft dabei auf einer Schiene. Der Schläger soll dadurch auf einer Höhe bleiben.
- Um die leidige, sich immer wieder einschleichende Hochtief-Bewegung des Schlägers abzustellen (dadurch fliegt der Ball zu hoch über das Netz), stellt euch vor, ihr seid ein Kellner, und die Schlägerfläche ist euer Tablett. Wenn ihr während des gesamten Weges aus dem Zentralen Bereich bis zum Schlag das Gefühl habt, nichts könne vom Tablett fallen, macht ihr es richtig.

Stechen mit der Rückhand: Schlagvorbereitung: Der Schläger wird frühzeitig auf die spätere Höhe des Treffens gehoben (1). Aufsetzen des Fußes und Balltreffpunkt erfolgen gleichzeitig (2). Ausschwungphase (3).

Stechen mit der Vorhand: Die Augen fixieren den Ball (1). Kurz nach dem Balltreffpunkt (2). Ausschwungphase: Der Schläger »schwingt« auf der »Stichbahn« aus (3).

Die Flugbahn eines »gestochenen« Balles. Der höchste Punkt dieser Bahn sollte noch auf der eigenen Netzseite liegen.

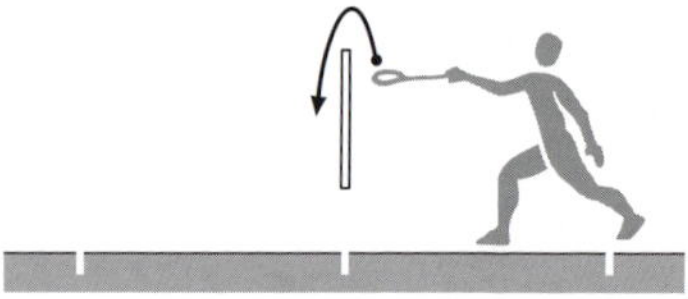

Übungsreihe Stechen
Der Trainingspartner wirft dem Übenden Bälle dicht hinter das Netz. Der Zuwurf sollte von unten nach oben erfolgen, damit der Übende den Ballflug lange beobachten kann (anfangs kann der Ball auch sehr hoch geworfen werden). Der Zuwerfer legt bei den ersten beiden Stufen vorher fest, ob er den Ball auf die Vorhand- oder die Rückhandseite wirft. Um möglichst hohe Wiederholungszahlen des Schlages in einer günstigen Position zu erreichen, beginnt das Training mit einem verkürzten Laufweg.

1. Der Übende macht anfangs nur einen (Ausfall-)Schritt und sticht den Ball über das Netz.
2. Der Übende läuft den gesamten Weg aus dem Zentralen Bereich und sticht den Ball.
3. Der Zuwerfer wirft variabel Bälle auf Vorhand- und Rückhandseite, der Übende läuft den gesamten Weg aus dem Zentralen Bereich.

Checkpoint 11: »Stecht« mindestens neun von zehn zugeworfenen Bällen so ab, dass sie nicht weiter als eine Schlägerlänge vom Netz entfernt ins Feld fallen. Da es in erster Linie um die Schlagtechnik geht, genügt an Beinarbeit ein Schritt. Beweist, dass ihr mit Rückhand und Vorhand stechen könnt.

Technikwissen Stechen
- Der Oberkörper bleibt beim Schlag aufrecht.
- Das rechte Bein ist vorn.
- Der linke Arm wird wie beim Fechten zur Balance nach hinten gehalten.
- Je weiter ihr entfernt vom Netz steht, desto mehr muss der Schläger nach unten zeigen, damit der Ball weiter nach vorn fliegt.

Schneiden am Netz
Es ist die wirkungsvollste, aber auch schwierigste Technik des Netzspiels. Ähnlich dem Schneiden beim Tischtennis wird dem Ball eine zusätzliche Rotation verliehen. Die Bewegung kann bis zum Ballkontakt der des Stechens gleichen. Beim Treffen des

Balles und kurz danach aber wird die Schlägerfläche unter dem Ball erst ein wenig seitwärts geschoben und dann auf einer Seite leicht nach oben gezogen. Durch diese Bewegung wird nicht nur der Kork des Balles getroffen, sondern auch die Federn. Der Ball beginnt dadurch zu trudeln und ist für den Gegner schwer zu kontrollieren. Wie beim Stechen, so sollte auch beim Schneiden der Ballflug dicht hinter dem Netz enden. Es gibt viele verschiedene Arten des Schneidens. Das wesentliche Element dieser Technik ist der längere Kontakt zwischen Schlagfläche und Ball. Die Federn sollen getroffen werden. Ob dies durch eine Schlägerbewegung nach links, rechts, oben oder unten erreicht wird, ist zweitrangig. Entscheidend ist der letzte kleine »Ruck«, den ihr dem Schläger beim Balltreffen mitgebt. Probiert Varianten aus, und orientiert euch am Ergebnis: Trudelt der Ball, war der Schlag gut!

Schneiden am Netz: Beim und noch unmittelbar nach dem Treffen des Balles wird die Schlagfläche unter dem Ball erst ein wenig seitwärts geschoben und dann auf einer Seite leicht nach oben gezogen.

Cross am Netz

Ein Vergnügen der besonderen Art…!

Das Spiel am Netz bietet erstklassige Gelegenheit, den Gegner zu »verzocken«. Ein erster Schritt dahin ist, einen kurzen und geraden Ball anzutäuschen und diesen dann doch cross, also diagonal übers Netz zu spielen.

Bewegungsbeschreibung: Die Bewegung wird wie beim Stechen eingeleitet. Kurz vor dem Treffpunkt wird der Schläger seitlich gekippt und der Griff abgesenkt (der Schlägerkopf bleibt auf gleicher Höhe!). Der Schläger wird dann seitlich gegen den Ball geschoben.

1. Spielt euch zunächst den Ball nur mit der Schiebebewegung cross über das Netz zu.
2. Geht dann dazu über, vor jedem Schlag einen geraden Stecher anzudeuten. Je länger ihr den Schläger in »Stechposition« haltet, desto größer ist die Täuschung.

Cross am Netz: Die Bewegung gleicht bis kurz vor dem Balltreffpunkt (zur Täuschung des Gegners) der des Stechens (1). Der Schläger ist seitlich gekippt, der Griff abgesenkt (2). Eine Schiebebewegung aus dem gesamten Arm heraus befördert den Ball ins Ziel (3).

tipp

Steckt bei diesen Übungen einen Naturfederball auf die Netzkante, und zwar in der Mitte des Netzes. Versucht, jeden Cross-Ball erst hinter diesem Ball das Netz passieren zu lassen. Der Cross-Ball ist also noch auf eurer Seite, wenn er den »Steckling« passiert.

»Netzkaiser« Spielfeld: Das gesamte Vorderfeld bis zur Aufschlaglinie. Ansonsten gelten normale Badmintonregeln.

»Netzkaiser« Spielfeld

Checkpoint 12: Acht von zehn zugeworfenen Bällen sind so über das Netz zu spielen, dass sie ins gegnerische Feld vor der Aufschlaglinie und jenseits der Mittellinie landen. Dann ist der Checkpoint passiert. Testet wieder Vorhand und Rückhand!

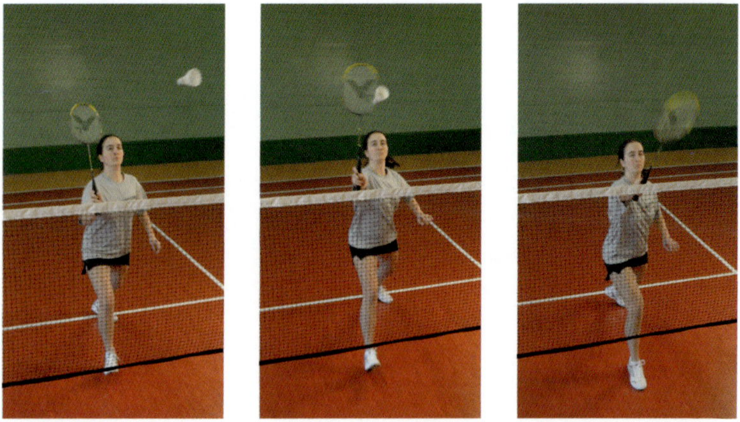

Dip mit der Vorhand: Der Dip benötigt keine große Ausholbewegung. Der Ausschwung wird durch »festes Zugreifen« am Griff abgestoppt, um der Netzberührung zu entgehen.

Dip mit der Rückhand.

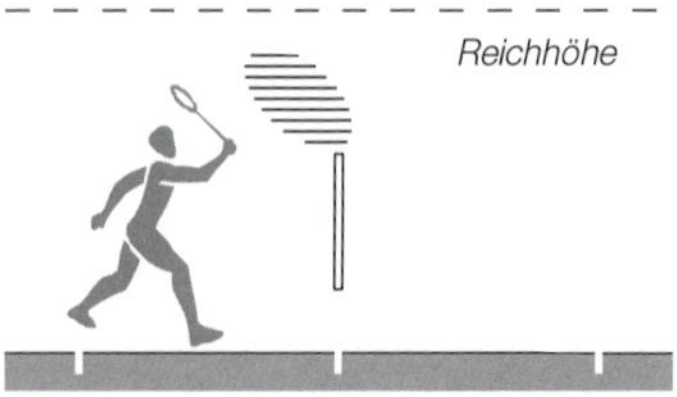

Der »Treffraum« beim Dip

Spiel vom Netz weg

Abhängig von der Position, in der man den Ball erreicht, gibt es drei verschiedene Möglichkeiten, den Ball vom Netz wegzuspielen:
- den Dip
- den Unterhand-Clear
- den Swip

Der »Netzsteckling« bietet Gelegenheit, den Dip sehr dicht am Netz zu trainieren.

Der Dip
Erreicht man den Ball im Vorderfeld oberhalb der Netzkante, sollte man versuchen, den Ballwechsel mit einem aggressiven Schlag zu beenden. Der Dip (häufig auch ein wenig militant »Töten am Netz« genannt) ist ein solcher Finalschlag.

Bewegungsbeschreibung:
Der Schläger wird (ohne Schwungschleife) mit einer kurzen Unterarmdrehung und einer Streckung des Ellenbogengelenks bis zum Balltreffpunkt beschleunigt und im Moment des Ballkontaktes abgestoppt.

tipp

- Macht euch »groß« am Netz. Wer mit dem Oberkörper nicht aufrecht bleibt, sondern nach vorn kippt, schlägt meistens ins Netz.
- Greift im Moment des Treffens bewusst etwas fester zu. Das erleichtert das Abstoppen. Je kürzer der Ausschwung, desto geringer die Gefahr einer Netzberührung.
- Haltet den Griff etwas kürzer (zum Ausprobieren).
- Probiert doch beim »Dippen« auch mal den »Bratpfannengriff« – wenn's niemand sieht. Mit diesem Griff erfolgt die Bewegung fast ohne Unterarmdrehung und ähnelt dem Schlag mit der Faust auf den Tisch.

Netzsteckling: Um sich ans Netz vorzutasten, steckt man Naturfederbälle aufs Netz (Plastikbälle lassen sich dort so schlecht befestigen!), sodass der Kork auf den »Dipper« zeigt. Dieser versucht, den Ball mit einer möglichst kurzen Bewegung vom Netz zu schlagen, ohne dieses dabei zu berühren. Für diese Übungsform müssen die Federbälle nachvollziehbarer Weise nicht von besonderer Qualität sein.

Gleich ist die Maus aus: Rodrigo Pacheco Carrillo, einen Wimpernschlag vor dem finalen Dip.

tipp

Mehrere Bälle gemeinsam aufs Netz zu stecken, erweist sich meist als Zeitverschwendung. Die anfangs oft unfreiwillig das Netz treffenden Schläge räumen eigentlich alles von der Netzkante, was nicht sehr geschickt befestigt ist...!

Der Unterhand-Clear (II)

Der Unterhand-Clear ist ein weiterer Verteidigungsschlag, der dem Spieler Zeit verschaffen soll, sich wieder in den Zentralen Bereich zu bewegen, und der den Gegner an seine Grundlinie zwingt.

Neben den bereits aus Etappe 1 geläufigen Elementen gilt es jetzt noch, die Unterarmdrehung in den Schlag einzubauen. Da der lange Aufschlag nichts anderes als ein Vorhand-Unterhand-Clear ist (allerdings mit dem anderen Bein vorn), ist das »Einschleifen« der Unterarmdrehung beim Üben des langen Aufschlags und des Vorhand-Unterhand-Clears ein Abwasch.

»Einschleifen« der Unterarmdrehung

1. Übt die Bewegung »trocken«, also ohne Ball. Erst langsam, fast in Zeitlupe, dann schneller werdend.
2. Auf dem halben Einzelfeld: hoher Aufschlag – Drop – Unterhand-Clear – Drop usw. Eine sehr einfache Übung, die aber dafür solange wie möglich durchgehalten werden soll.
3. Die gleiche Übung auf dem gesamten Einzelfeld durchführen.

tipp

Vorhand: Nachdem Ausschwung müsst ihr euren Handrücken sehen können (»Blick auf die Uhr«), denn ihr habt ja (hoffentlich) den Unterarm gedreht.
Rückhand: Nach dem Ausschwung solltet ihr eure Fingerspitzen sehen können – das zeigt an, dass ihr den Unterarm gedreht habt.

Achtet auf den Ausfallschritt mit dem »richtigen« (dem rechten) Bein!

Wichtig: Der Schläger stellt nicht die Verlängerung des Unterarms dar (keine Streckung des Handgelenks), sondern bildet einen Winkel zum Unterarm.

tipp

Achtet auf den weiten Ballflug. Das Wichtigste ist, dass der Ball bis zur Grundlinie fliegt. Erst an zweiter Stelle kommt die Höhe (Mindesthöhe ist jedoch knapp oberhalb der Reichhöhe eures Gegners).

Der Swip

Der Swip ist ein Offensivschlag – und zwar der von Technik und Timing her wahrscheinlich anspruchvollste überhaupt!

Bewegungsbeschreibung: Der Swip wird mit einer Finte (Stechen am Netz) eingeleitet. Durch einen möglichst ausgedehnten Moment des Schlägerstillstandes in der Stichposition wird ein kurzer Ball vorgetäuscht. Dann aber wird (hoffentlich zur Überraschung des Gegners) der Ball durch eine schnellkräftige Unter-

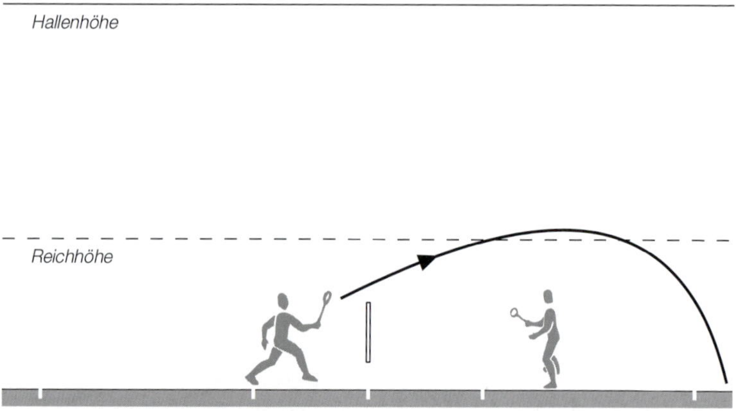

Die Flugkurve des Swips

Der Swip gleicht bis zuletzt einem »Stecher«. Durch eine (sehr) schnellkräftige Unterarmdrehung und den Einsatz des Handgelenkes wird der Ball jedoch ins Hinterfeld gespielt.

armdrehung und den Einsatz des Handgelenks so ins Hintergeld geschlagen, dass die Reichweite des Gegners knapp, aber zuverlässig überspielt ist. Der Swip ist eigentlich ein Unterhand-Clear mit verkürzter Ausholphase – und deshalb so schwierig. Er ist natürlich auch ohne das Andeuten eines kurzen Schlages möglich – der Schwierigkeitsgrad wird dadurch enorm gesenkt – dann ist er aber viel weniger wirksam, weil jeglicher Täuschungseffekt entfällt.

Spiel aus dem Halbfeld

Das Spiel aus dem Halbfeld ist eine bunte Mischung aus Angriffs- und Abwehrsituationen. Die am häufigsten angewandten Schlagtechniken sind:
- Drive
- Abwehrschläge
- Sämtliche Überhandschläge

Der Drive

Der Drive ist ein flach und scharf übers Netz gespielter Ball, der vor allem im Doppel und Mixed Anwendung findet, um aus einer neutralen Position den Kontrahenten keine Möglichkeit zum Angriff zu bieten, wie das beim »Heben« des Balles leicht passieren könnte. Meist wird der Drive aus dem Halbfeld geschlagen, gelegentlich auch aus dem Hinterfeld.
Die Laufarbeit variiert, abhängig von der Länge des Laufweges. Rückhandseite: Bei allen Bällen, die in der Nähe des Körpers erreicht werden können, erfolgt der Schlag in Verbindung mit einem leichten Ausfallschritt des linken Beines (ausnahmsweise). Muss der Ball nahe der Seitenlinie geschlagen werden, erfolgt ein sogenanntes Umsetzen: Das rechte Bein führt am linken Bein vorbei den Ausfallschritt aus.
Vorhandseite: Der Drive wird hier immer im Ausfallschritt – jetzt wieder mit dem gewohnten rechten Bein – geschlagen. Die Entfernung zur Seitenlinie wird mit einem Nachstellschritt überbrückt. Die Schlagbewegung ist die gleiche wie bei Überhandschlägen aus dem Hinterfeld. Mit der gleichen Schlagbewegung und einem »Absenken« des Handgelenks lässt sich auch ein Seithand-Drive produzieren.

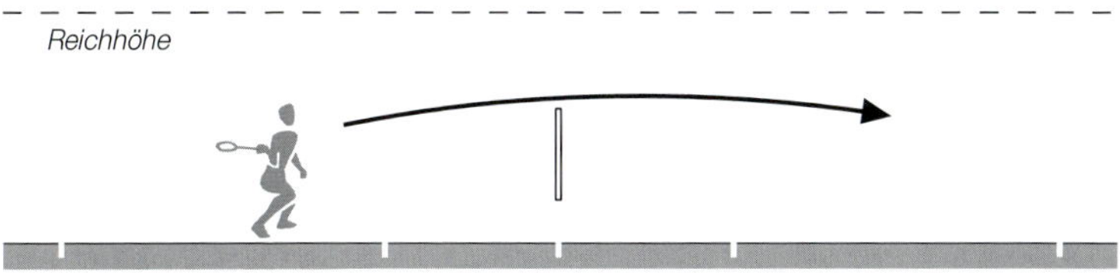

Der Drive wird flach und scharf übers Netz geschlagen.

Den Drive spielend üben »Drive-Schlacht«: Es ist ein Einzel mit normaler Zählweise. Aber: Das Spielfeld ist verkleinert. Nur das Einzelfeld zwischen vorderer Aufschlaglinie und Doppelaufschlaglinie zählt. Obwohl jeder Schlag erlaubt ist, entwickelt sich bald ein munteres Schiebe- und Drivespiel.

Spielfeld »Drive-Schlacht«

Die Smash-Abwehr

Damit man sich nicht nach jedem harten und platziertem Schmetterball bücken muss, um den Ball aufzuheben, haben bequeme Badmintonspieler die Smash-Abwehr ersonnen. Die Vorraussetzung dafür, einen harten Smash abzuwehren, ist eine der Situation entsprechende Erwartungshaltung. Ist ein Smash des Gegners abzusehen, heißt es, den Körper in Alarmbereitschaft zu versetzen. Die Beine stehen gespannt und ruhig etwas weiter als schulterbreit auseinander. Der Po sollte etwas abgesenkt werden. Der Körper ist optimal vorgespannt und bereit, sich blitzschnell zu bewegen. Steht man zu locker oder zu steif, ist man aufgrund der zur Verfügung stehenden kurzen Zeit meist ohne Chance.

Kurze Smash-Abwehr

Die kurze Abwehr bedarf (fast) keiner Ausholbewegung und auch der Ausschwung ist nur verkümmert. Der starke Impuls des gegnerischen Smashs wird benutzt, um den Ball ins Feld springen zu lassen. Eine leichte Schiebebewegung des gesamten Armes bestimmt die Richtung der Abwehr und gibt dem Ball noch etwas mehr Schwung mit.

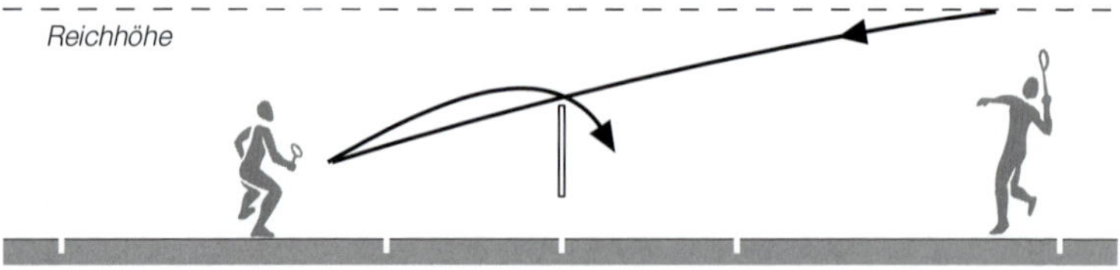

Die Flugkurve der kurzen Smash-Abwehr

tipp

Bei der kurzen Reaktionszeit kann man die Schlagsicherheit dadurch erhöhen, dass man den Schlägerkopf lange auf das anvisierte Zielgebiet zusteuern lässt (verfolgt den Ball mit eurem Schläger!).

Der Zuspieler wirft den Ball auf den Abwehrenden oder in dessen Reichweite (möglichst nicht über Schulterhöhe, da sonst nicht besonders spielnah!). Dieser versucht, den Ball mit einer kurzen Schiebebewegung des Armes so zum Zuspieler zurückzuspielen, dass der ihn fangen kann:
Übung zunächst ohne Netz zwischen beiden Partnern, später mit Netz durchführen.

tipp

- Verlagert euer Körpergewicht nicht nur auf das Ausfallschrittbein. Die Balance leidet meist darunter (und damit der Schlag), und der Weg in den Zentralen Bereich wird erschwert.
- Haltet euren Oberkörper aufrecht. Das bringt zusätzliche Balance und dadurch mehr Schlagsicherheit.

Weiter Ausfallschritt bei der kurzen Smash-Abwehr an der Seitenlinie mit der Vorhand…

…und mit der Rückhand.

Checkpoint 13: Spielt mindestens 15 von 20 zugeworfenen Bällen übers Netz, aber vor die vordere Aufschlaglinie zurück. Die Abwehr sollte spielnah, also aus dem Halbfeld, erfolgen. Wenn alles klappt, ist Checkpoint 13 passiert.

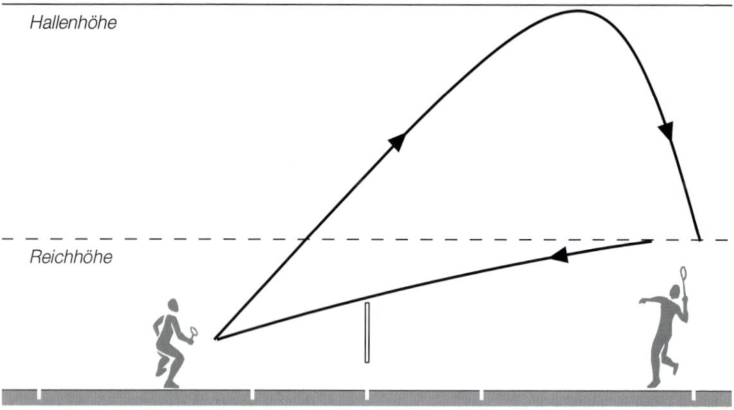

Die Flugkurve der hohen Smash-Abwehr

Hohe Smash-Abwehr
Anders als bei der kurzen Abwehr kann man hier nicht so sehr vom Schwung des Smashs profitieren, sondern muss aktiver sein. Die Rückhandabwehr hat sich aufgrund des größeren abdeckbaren Raumes gegenüber der Vorhandabwehr durchgesetzt. Spielt überwiegend Rückhandabwehr. Nur wenn der Smash weiter rechts neben euren Körper geht, greift zur Vorhandabwehr.

Bewegungsbeschreibung der hohen Smash-Abwehr mit der Rückhand: In Erwartung eines Smashs zeigt die Schlägerspitze schräg nach unten. Der Unterarm ist leicht einwärts gedreht, und der Ellenbogen befindet sich oberhalb der Hand. Die Erwartungshaltung ist extrem gespannt, der Körperschwerpunkt wird durch eine breite Fußstellung »tiefergelegt«. Das Heben des Ellenbogengelenks leitet die Schlagbewegung ein. Durch ein Strecken des Arms im Ellenbogengelenk und eine Auswärtsdrehung des Unterarms wird der Schläger beschleunigt.
Im Treffpunkt wird der Schläger aktiv abgestoppt.

Hohe Smash-Abwehr mit der Vorhand: Die hohe Vorhandabwehr muss hier nicht explizit erklärt werden, denn die Bewegung ist nahezu identisch mit dem bereits bekannten Vorhand-Unterhand-Clear (nur ohne den Ausfallschritt nach vorn, stattdessen aus der Erwartungshaltung heraus geschlagen).

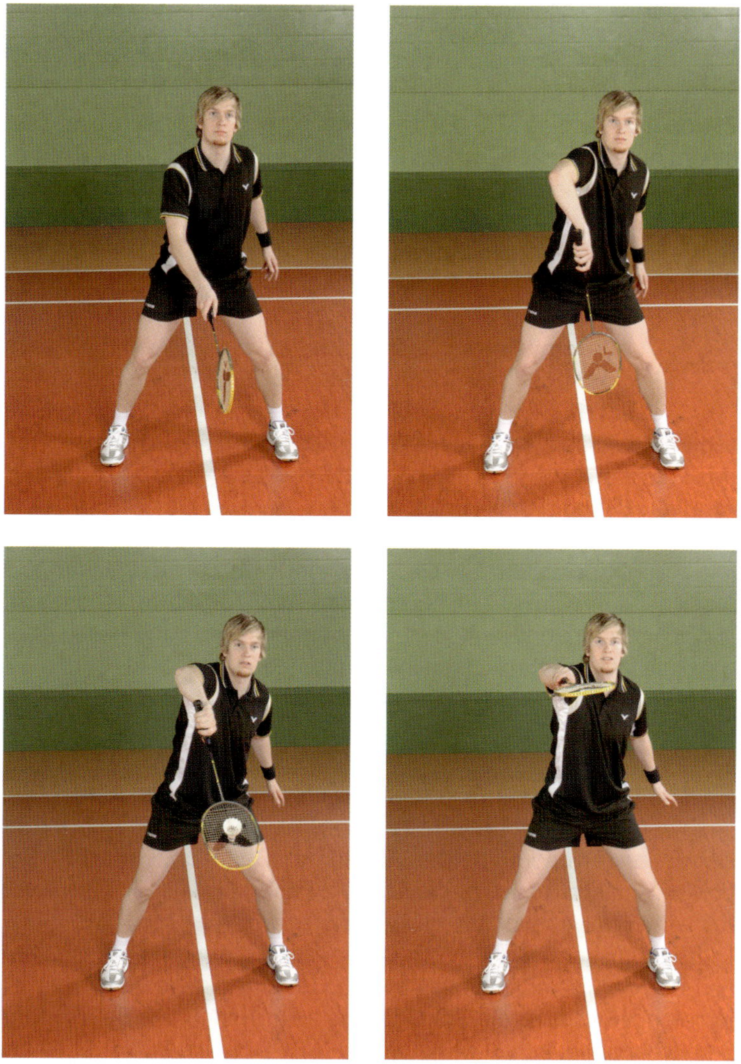

Hohe Smash-Abwehr mit der Rückhand. Erwartungshaltung: Der Schläger zeigt nach unten, die Körperspannung ist erhöht (1). Der gehobene Ellenbogen leitet die Schlagbewegung ein (2). Treffen des Balles möglichst weit vor dem Körper, der Ellenbogen befindet sich oberhalb der Hand (3). Die Ausschwungphase ist durch das Abstoppen im Treffpunkt verkürzt (4).

Zwei Schritte zur Smash-Abwehr:

1. Die Bewegung wird erst langsam, dann schneller ohne Ball probiert.
2. Hoher Aufschlag – Smash – hohe Abwehr – Smash usw. (auf einem halben Einzelfeld). Um die Übung in Gang zu bringen, empfiehlt es sich, dem Abwehrenden durch gemäßigte Smashs mehr Reaktionszeit einzuräumen. Der Angreifer schmettert auf den Abwehrenden und versucht nicht, diesen auszuspielen. Funktioniert die Übung, dann sollte man die Schlaghärte erhöhen.

»Gummiwand«: Gespielt wird auf dem halben Einzelfeld. Spielregeln: wie beim »richtigen« Einzel, aber der jeweilige Aufschläger erhält die Auflage, jeden Ball hoch ins Hinterfeld zu spielen. Bälle, die nicht über die imaginäre Mittellinie des Feldes hinausgehen, zählen als Fehler. Der Rückschläger darf schmettern und droppen.

Checkpoint 14: Der Zuspieler wirft den Ball scharf auf den Körper des Kandidaten, der zur Abwehr bereit im Zentralen Bereich steht. Wehrt acht von zehn Bällen über die hintere Doppelaufschlaglinie hinaus ab. Bestanden!

Die Drive-Abwehr

Es ist die offensivste Form der Abwehr. Der Ball wird scharf und flach übers Netz retourniert. Die Drive-Abwehr wird vornehmlich im Doppel angewendet, um den Angriff des Gegners zu kontern. Bei hohen Smashs könnt ihr die Technik des »normalen« Drives, nur mit verkürzter Ausholbewegung benutzen.

Die Technik der Drive-Abwehr bei tiefen, körpernahen Smashs ähnelt der der hohen Smash-Abwehr. Um eine flache Flugkurve zu erzielen, muss aber die Schlagfläche beim Treffen des Balles mehr zum Netz ausgerichtet sein.

tipp

Geht in den Ball »hinein«. Je früher ihr den Ball trefft, desto eher wird eure Drive-Abwehr dem Ruf gerecht, ein Offensivball zu sein.

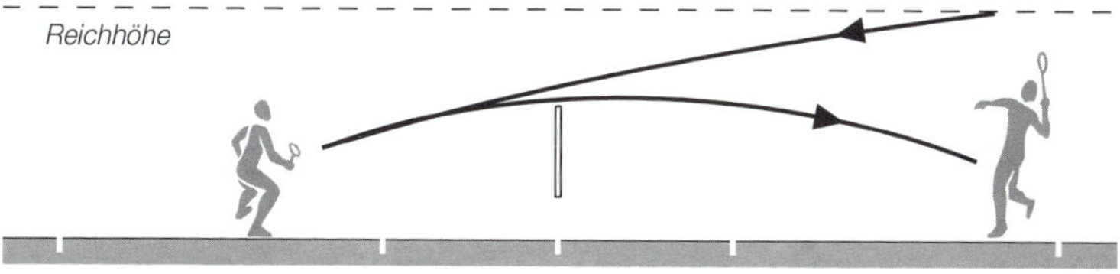

Die Flugkurve der Drive-Abwehr

Spiel aus dem Hinterfeld (III)

Beim dritten und abschließenden Abschnitt zum Spiel aus dem Hinterfeld geht es vornehmlich darum, das Spieltempo zu erhöhen. Im Mittelpunkt stehen dabei Lauftechniken, die euer Spiel dynamischer und druckvoller werden lassen.

Ein Spieler des niederländischen Clubs Van Zijderveld bewahrt ihre Balance auch bei höchstem Spieltempo. Für die Werbetafel an dieser Stelle zeichnen nicht die Autoren verantwortlich.

China-Sprung: Start aus der Erwartungshaltung (1). Beidbeiniger Absprung (2). Beginn der Schlagphase im Sprung. Der Augenblick größter Vorspannung – die Unterarmdrehung setzt ein (3).

Der China-Sprung

Der China-Sprung versetzt euch in die Lage, den vom Gegner gespielten Ball frühzeitig zu erreichen und damit auch schneller zurückzuspielen. Je früher ihr den Ball »abfangt«, desto kürzer ist die dem Gegner verbleibende Zeit, sich wieder im Zentralen Bereich zu positionieren.

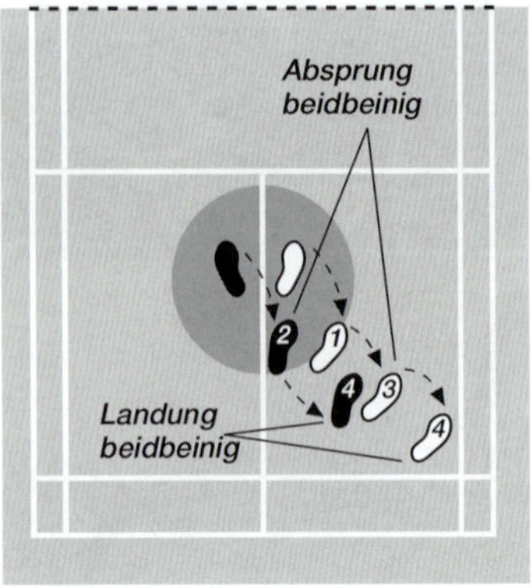

Schritte beim China-Sprung.

Der Ball wird so hoch wie möglich getroffen (4). Ausschwungphase: Der Schläger ist durch die Unterarmdrehung nach unten gerichtet (5). Beidbeinige Landung (6).

Technikwissen China-Sprung

- Laufarbeit: ein, zwei seitliche Nachstellschritte in die hintere Vorhandecke
- Beidbeiniger Absprung
- Schlag: Kombination von Unterarmdrehung und Oberarmschlag (also »Schraubenzieher« und »Scheibenwischer«) sorgt trotz des reduzierten Oberkörpereinsatzes für Power
- Beidbeinige Landung mit sofortigem Abdruck zur Mitte

tipp

- Nehmt den Schläger frühzeitig nach oben. Andernfalls reicht die Zeit meistens nicht mehr, um den Schlag vorzubereiten.
- Aufgrund des kaum möglichen Körpereinsatzes erzeugt der Schlag beim China-Sprung ohne Unterarmdrehung lediglich ein laues Lüftchen. Spätestens jetzt ist also die Zeit reif, sich die »Übungen zur Unterarmdrehung« noch mal auf den Trainingsplan zu heften.

Die Malayentechnik

Der große Vorteil dieser Lauftechnik besteht darin, dass man durch sie die Vorzüge der Vorhand auch in der Rückhanddecke nutzen kann, denn die Rückhand wird, ähnlich dem Tennis, einfach »umlaufen«. Die Malayentechnik ermöglicht variables und druckvolleres Spiel, und der Blickkontakt zum Ball (Auge-Hand-Koordination) wird nie unterbrochen. Außerdem gelangt man durch den Umsprung schneller wieder in den Zentralen Bereich als nach einer Rückhand, die aus dem Ausfallschritt geschlagen wurde. Auf Dauer ist diese Lauftechnik jedoch kraftraubender, sodass erschöpfte Spieler gerne wieder zur Rückhand greifen. Das Schwierigste und eigentlich Neue an der Malayentechnik ist der 180-Grad-Hüpfer auf dem linken Bein, der den Körper in die gewünschte Schlagposition bringt.

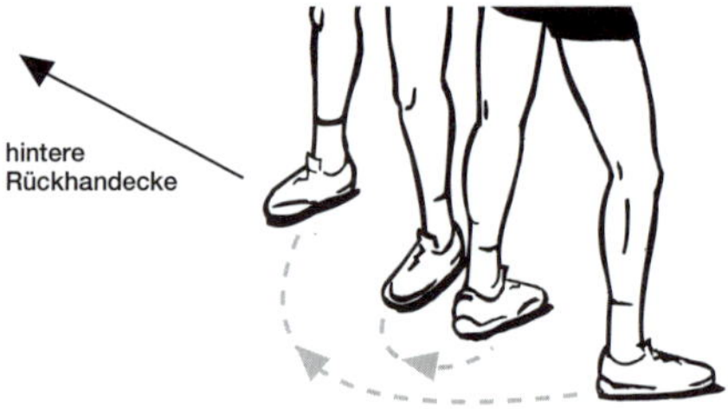

Malayentechnik: Durch den Hüpfer auf dem linken Bein wird die rechte Körperseite in Schlagposition gebracht.

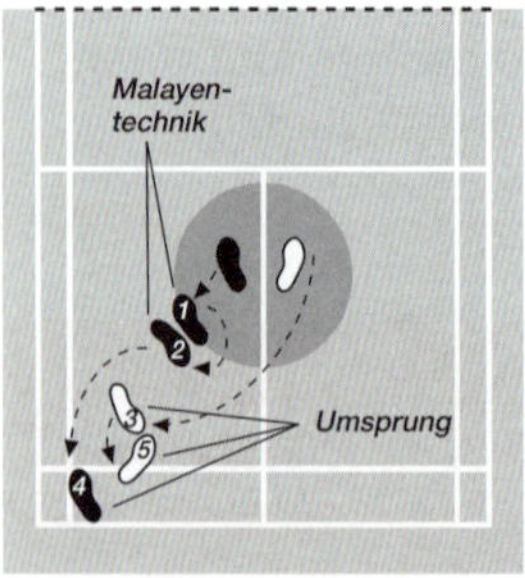

Die Malayentechnik mit anschließendem Umsprung

Erlernen der Malayentechnik

1. Hüpft auf dem linken Bein ein paar Mal auf und ab. Das rechte Bein ist dabei angehoben.
2. Hüpft auf dem linken Bein, und dreht euch dabei jedes Mal ein Stück im Uhrzeigersinn um eure eigene Körperachse.
3. Dreht euch beim Hüpfen um 180°, und nehmt dabei den rechten Arm zum Schlag bereit nach oben. (Hinweis: Das linke Bein setzt zweimal auf, bevor das rechte beim Hüpfer wieder darf.)
4. Versucht das Ganze mit anschließend im Umsprung simuliertem Clear und Lauf in den Zentralen Bereich.

Der Smash (II)

Der Smash gilt als König der Schläge. Dieser edle Schlag verdient es, dass ihm noch ein zweiter, vertiefender Abschnitt gewidmet wird. Aus der ersten Etappe ist euch die komplette Bewegung bis auf die Unterarmdrehung vertraut. Gerade die abschließende zusätzliche Beschleunigung des Balles ist es aber, die den Smash (wie auch alle anderen harten Überkopfschläge) zur gefürchteten Waffe im Angriff macht.

Einsteigerproblem: Wenn der Smash aber noch nicht hart ist ...
Es gibt viele Arten, erfolgreich Badminton zu spielen. Vielleicht die imposanteste und den Gegner am stärksten beeindruckende Art ist, die eigene Autorität auf dem Platz durch Schlaghärte zu untermauern – und dadurch zu punkten. Es wird geschmettert, dass die Heide wackelt. Vergegenwärtigt euch noch einmal die wichtigsten *Voraussetzungen eines harten Schlages:*

- langer Beschleunigungsweg (Ausholbewegung und Schleife)
- schnellkräftige (»zischende«) Unterarmdrehung

Wenn diese beiden Komponenten stimmen, seid ihr auch in der Lage, einen ernst zu nehmenden Smash zu schlagen. Dennoch können euch einige Tipps zu noch mehr Schlagkraft verhelfen.

Der Power-Griff: Der Daumen ist der oberste Finger am Griff. Die Unterarmdrehung wird durch diese Schlägerhaltung unterstützt, jedoch wenig Feinfühliges zugelassen. Schlaghärte wird auf Kosten der Präzision gewonnen.

tipp

- Denkt euch, ihr schlagt durch den Ball hindurch. Diese Vorstellung erzeugt meist einen noch schnelleren Schwung.
- Stellt euch einen riesigen Nagel vor, den ihr mit einem Schlag in den Boden schlagen wollt. Lasst den Ellenbogen nach dem Schlag oberhalb der Hand, damit habt ihr einen Beweis für die Unterarmdrehung.
- Probiert auch einmal den Power-Griff (siehe Foto S. 99)

Den Smash spielend festigen: Das »0-8-15-Spiel«
Gespielt wird auf einem halben Doppelfeld. Ein Spieler übernimmt den Part des Angreifers, der andere den des Verteidigers.
Der Verteidiger muss jeden Ball ins Hinterfeld spielen. Gelegentlich dürfen harte Smashs auch kurz abgewehrt werden. Der Angreifer darf droppen und smashen, am Netz aber nur kurze Bälle spielen. Gezählt werden nur die Punkte des Angreifers. Er startet mit 8 Punkten in das Match. Für jeden gewonnenen Ballwechsel erhält der Angreifer einen Punkt, verliert er einen Ballwechsel, wird ihm ein Punkt abgezogen. Beim Punktestand von 15 ist der Angreifer der Gewinner (und so wird es auch meist ausgehen), erscheint die 0 auf der Anzeigetafel, darf der Verteidiger die Arme hochreißen.

Spielformen zur Festigung

Ungewohnte und neue Dinge gelingen uns meist nicht auf Anhieb. Badminton stellt da leider keine Ausnahme dar. Zwar sind die ersten Fortschritte oft geradezu rasant, doch die erträumte Leistungsexplosion bleibt dann aus, weil es noch an Sicherheit und Cleverness mangelt. Um Bewegungsabläufe, aber auch ganze Handlungsketten zu automatisieren, bedarf es einer hohen Anzahl von Wiederholungen, die dafür sorgen, dass sich das Neue festsetzen, »einschleifen« kann. Die im folgenden beschriebenen Übungsformen sollen euch zur Automatisierung von noch ungefestigten Bewegungsabläufen verhelfen. Sie sind nach dem Grundsatz »So spielnah wie möglich, aber so weit erleichtert wie nötig« angelegt.

Schattenbadminton als »Polizistenspiel«: Der Polizist zeigt die anzulaufenden Feldecken an. Vollblutbeamte können auch mit Mütze und Pfeife antreten.

Polizistenspiel

Ziel: Festigung der Lauftechnik – vorerst ohne Ball, aber mit Unterstützung durch einen Partner, den »Polizisten«. Der Polizist steht mit dem Rücken zum Netz und zeigt dem Läufer mit dem Schläger die Feldecken an, in welche dieser laufen soll. Der Läufer folgt den Weisungen des Wachtmeisters und führt am Ende seines Weges einen zur Feldecke passenden Schlag – ohne Ball – aus. Nach jedem »Schlag« läuft der Übende zurück in den Zentralen Bereich, um von dort in die nächste Ecke zu starten.

Der Polizist

- zeigt deutlich die Ecken an; Diskussionen über die mögliche Richtung eures Finger- oder Schlägerzeigens hemmen den Übungsfluss
- zeigt die Ecken rechtzeitig an: eine übertrieben lange Warteschleife im Zentralen Bereich ist für den Laufrhythmus nicht zuträglich
- darf den Läufer anfeuern. Solcherart Doping ist legal und kann dessen Beine etwas unterstützen

Der Läufer

- kehrt immer wieder schnellstens in den Zentralen Bereich zurück und nimmt die Grundstellung ein – eine kurze Phase der Balance ist entscheidend für den schnellen Richtungswechsel im Spiel
- achtet darauf, dass der erste Schritt aus der Mitte explosiv ist. Langsames Starten und anschließendes Beschleunigen auf dem Weg hat ein zu hohes Tempo in der Schlagposition und damit geringe Schlagsicherheit zur Folge. Auch müsste man dann aus hoher Geschwindigkeit jäh die Richtung wechseln, was unnötig mehr Kraft kostet.

Countdown

Ziel: Steigerung der Schlagsicherheit im Wettkampf – noch unter erleichterten Bedingungen, denn der angespielte Feldbereich ist vorgegeben.

»Countdown« entspricht einem Drop-Test (s. S. 54f) auf dem gesamten Einzelfeld und als Wettbewerb. Wie beim richtigen Spiel wird zunächst geknobelt, wer anfangen darf. Der Gewinner übernimmt zuerst den Part des »Droppers«. Für jeden erfolgreichen Drop aus dem Hinterfeld erhält der Gegner des Zuspielers einen Punkt. Punkte darf er so lange sammeln, bis sich der erste Fehler einschleicht (egal bei welchem Schlag). Dann darf der bisherige Zuspieler sein Glück versuchen. Ein Fehler seinerseits führt zum erneuten Aufgabenwechsel. Gewinner ist, wer zuerst 20 Punkte gesammelt hat. Fair Play ist hierbei unerlässlich! Der Zuspieler muss, um das Spiel nicht im Streit enden zu lassen, den Druck auf den Dropper maßvoll dosieren. Die eigenen Fehler sollen das Spiel entscheiden!

Würfelspiel

Ziel: Schlagsicherheit aus allen Feldbereichen verbessern.

Das Spielfeld ist in sechs Bereiche eingeteilt, ähnlich den Augen der Sechs auf einem Würfel: links und rechts gibt es je ein Vorder-, Halb- und Hinterfeld. Ein Zuspieler sucht sich eine Position auf dem Feld, von der aus er das »Würfelspiel« beginnen möchte. Von dort aus spielte er in einer festgelegten Reihenfolge in alle sechs Ecken (Vorder-, Halb- und Hinterfeld, jeweils auf Vor- und Rückhandseite). Der Übende spielt jeden Ball in die Ecke des Zuspielers zurück. Gelingt ihm das fehlerfrei, rutscht der Zuspieler auf die nächste Position. Nach jedem Schlag muss der Übende zurück in den Zentralen Bereich.

Wechsel-Drop
Übung wird auf dem ganzen Feld gespielt und beginnt mit einem hohen Aufschlag. Es folgen ein Überkopf-Drop und dann ein Netzball (lang – kurz – kurz). Ein Unterhand-Clear ist dann der nächste lange Ball usw.
Vorsicht: Bei Übungen mit vorgegebenen Schlagfolgen neigt man sehr dazu, die zu erwartende Position direkt anzusteuern. Damit würde sich ein fehlerhaftes Spielverhalten einschleifen. Vergesst um des Trainingseffektes willen nicht den kurzen, balancierten Aufenthalt im Zentralen Bereich nach jedem Schlag.

Sitzen diese grundlegenden Techniken, so ist das Tor zu Etappe 3 weit geöffnet!

Feste sollen gefeiert werden: Die zweite Etappe ist geschafft!

Etappe III: Vom Versierten zum Schlitzohr

Das Doppel

Das Doppel ist die von (fast) allen Spielern, und zwar unterschiedlichster Spielstärke, am meisten geliebte Disziplin. Man hat die Gelegenheit, sich richtig auszutoben, ohne die anstrengende Lauferei übertreiben zu müssen, das Gesellige kommt nicht zu kurz. Und außerdem hat man immer jemanden dabei, dem man im Notfall die Schuld in die Schuhe schieben kann.
Oberstes Gebot im Doppel ist es, selbst die Initiative zu ergreifen und in die Offensive zu gehen. Es ist also sinnvoll, möglichst jeden Ball so zu spielen, dass er vom gegnerischen Doppel nur noch unterhalb der Netzkante erreicht werden kann. Vereinfacht bedeutet dies: Spielt möglichst viele Bälle nach unten!
Um keine Gelegenheit zum Angriff auszulassen, sollte schon der erste Schlag im Ballwechsel dieses Ziel verfolgen. Somit kommt dem Aufschlag beim Doppel und Mixed eine besondere Bedeutung zu.

Das Doppel-Aufschlagfeld

Der Aufschlag im Doppel

Das Doppelaufschlagfeld ist zwar etwas breiter als das Einzelfeld, dafür jedoch kürzer. Hohe Aufschläge im Doppel können vom Gegner früher erreicht werden als im Einzel, da die Entfernung zum Netz geringer ist. Sie werden vom gegnerischen Paar also mit innerer Freude registriert, denn sie verschaffen ihm eine gute Position zum Angriff mit einem Smash oder einem gemeinen Drop. Da man dem gegnerischen Doppel diese Chance nicht gönnen sollte, bietet

sich eine andere Variante des Aufschlags an: der kurze Aufschlag. In den Doppeldisziplinen wird überwiegend der kurze Aufschlag zur Spieleröffnung benutzt, da er – bei guter Ausführung – den Rückschläger zum Heben des Balles zwingt, was die Möglichkeit zum Angriff eröffnet. Zwei Möglichkeiten stehen dem Aufschläger dabei zur Verfügung: Vorhandaufschläge und Rückhandaufschläge. Der kurze Vorhandaufschlag ähnelte dem langen Einzelaufschlag. Lediglich die Ausholbewegung und der Ballwurf sind verkürzt. Der Ball wird dabei beinahe aus der Hand geschlagen.
In der Badmintonspitze hat sich jedoch der Rückhandaufschlag durchgesetzt. Die Vorteile gegenüber dem Vorhandaufschlag bestehen darin, dass man

- Ball und Schläger während des gesamten Schlages sieht (Hand-Auge-Koordination)
- fast keine Ausholphase benötigt und somit die Bewegung besser kontrollieren kann (außerdem ist die Feinkoordination direkt an der Körperachse am besten)
- die optimale Höhe des Treffpunkts nutzen kann

Kurzer Rückhand-Aufschlag: Der Schläger wird im Rückhandgriff gehalten. Die Ausholbewegung ist nur kurz. Das Treffen des Balles soll unterhalb der Taille erfolgen.

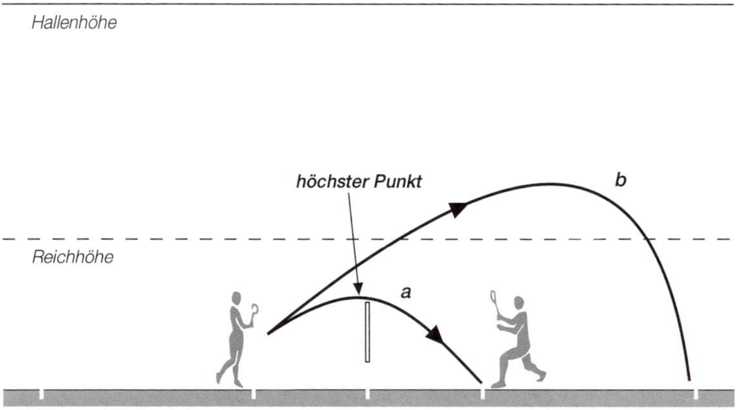

Die Flugbahn des kurzen Doppel-Aufschlags (a). Der höchste Punkt liegt vor dem Netz, da ein fallender Ball schwerer zu attackieren ist. Und die Flugbahn des Swip-Aufschlags im Doppel (b).

Der große Nachteil für Einsteiger ist, dass es anfangs sehr schwierig ist, den Ball mit der gleichen Auftaktbewegung lang zu spielen. Der kurze Aufschlag ist zwar im Doppel meist die beste Eröffnung, auf Dauer kann sich der Rückschläger jedoch gut darauf einstellen. Damit dies nicht geschieht (und damit die Aufschlagsituationen nicht zu langweilig werden), greift man auf eine Alternative zum kurzen Aufschlag zurück, den Swip-Aufschlag.

Swip-Aufschlag
Der Swip-Aufschlag ist ein langer, flacher, knapp über die Reichweite des Gegners fliegender und vor allem überraschender Aufschlag.

Bewegungsbeschreibung: Damit der Überraschungseffekt nicht schon frühzeitig verloren geht, muss die Bewegung der des kurzen Aufschlags bis unmittelbar vor dem Treffpunkt gleichen. Im letzten Moment wird der Schläger etwas mehr unter den Ball gebracht und mit einer schnellkräftigen Unterarmdrehung und Handgelenkeinsatz beschleunigt. Unter Handgelenkeinsatz ist hier etwa die Bewegung gemeint, mit der man in früheren Jahrhunderten den Fehdehandschuh schleuderte.

Der erste Schritt: Doppel For Fun

Der erste Schritt auf dem Weg zum besseren Doppelspiel kann ruhig ein unkompliziertes, systemloses Doppel sein. Lest die Spielregeln, und spielt, wie ihr noch nie gespielt habt. Bei vier Spielern ohne Orientierung auf einem Spielfeld ist der Spaß in der Regel schon vorprogrammiert.

Der zweite Schritt: Doppelspiel mit System

Doppelspiel bedeutet: Es muss zu einer Aufgabenteilung zwischen zwei Spielern kommen. Wie sich die beiden Partner den Raum und die Aufgaben aufteilen, sollten sie nicht dem Zufall überlassen. Nach welchem System ein Doppelpaar spielt, richtet sich nach ihren Voraussetzungen – den körperlichen, technischen und taktischen.

System »Seite – Seite«
Dieses übersichtliche System empfiehlt sich für Anfänger und Kinder. Jeder Spieler ist während des Ballwechsels für »seine« Seite verantwortlich. Die Mittellinie teilt die Zuständigkeitsbereiche gerecht auf. Mit steigender Spielstärke erweist sich dieses System jedoch als zu statisch. Besonders, wenn der Smash richtig beherrscht wird, ist das System für die angreifende Partei von Nachteil, da der Netzbereich dann nicht gut abgedeckt ist. Für den Anfänger ist dies jedoch eine gute Alternative, weil jeder weiß, wo er hingehört, und auf dem Feld keine allzu große Verwirrung herrscht.

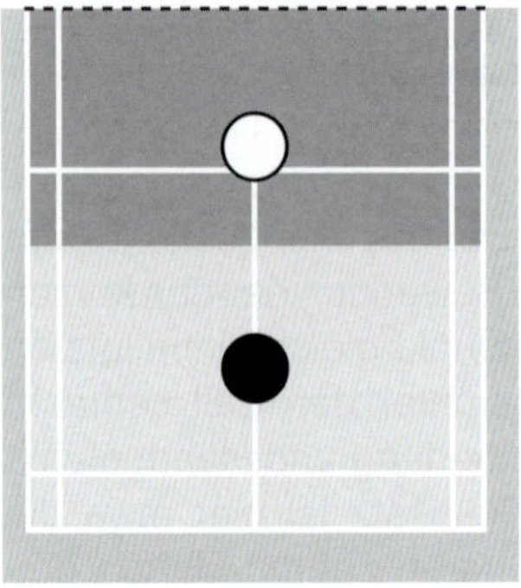

Das System »Vorne – Hinten«: klare Zuständigkeiten, ungünstig für die Verteidigung.

Das System »Jeder eine Seite« vereinfacht die Feldaufteilung, ist jedoch sehr statisch.

»Englisches Doppel«
Das »Englische Doppel« ist wie geschaffen, um die Verteidigung einer Feldhälfte zu trainieren. Jeder der vier Spieler erhält sein eigenes halbes Doppelfeld zur Verteidigung und fünfzehn Punkte. Jeder Spieler darf beliebig die beiden Felder anspielen, die für ihn jenseits des Netzes liegen. Begeht ein Spieler einen Fehler oder landet der Ball in seinem Feld, so wird ihm ein Punkt abgezogen. Aufschlag hat immer derjenige, der den letzten Fehler begangen hat. Sieger ist, wer in dem Moment, in dem der erste arme Tropf seinen letzten Punkt abgibt, die meisten seiner Punkte gerettet hat.

System »Vorne – hinten«
Das System bietet sich an, wenn zwei Spieler unterschiedlicher Spielstärke ein Paar bilden. Aber auch »Vorne – hinten« ist ein unflexibles System. Der schwächere Spieler deckt den Netzbereich, der stärkere den restlichen Teil des Feldes ab (das Kapitel »Mixed« gibt einen umfangreichen Einblick in Situationen dieser Art).
Aus erfolgsorientierter Sicht von Vorteil ist, dass der bessere Spieler den größeren Zuständigkeitsbereich besitzt und dass der Netzbereich immer abgedeckt ist. Die »Abschiebung« des schwächeren Spielers könnte sich aber auf Dauer als sozial unverträglich erweisen. Auch die Feldabdeckung in der Verteidigung ist nicht optimal, und der Vorderspieler läuft Gefahr, aufgrund seiner Position den Kork des Balles von einem übereifrigen Gegner zwischen die Augen gedroschen zu bekommen.

System »Angriff hintereinander – Abwehr nebeneinander«
Gute Doppel spielen dieses System, das sich aber erst ab dem Stadium der kontrollierten Beinarbeit eignet. Viele fließende Positionswechsel sind erforderlich, um die Vorteile dieses Systems richtig auszunutzen. Beide Spieler nehmen ihre Position abhängig von der jeweiligen Spielsituation ein. Es gibt keine klare Rollenverteilung. Der Vorteil dieses Systems – wenn es erst einmal verinnerlicht wird – ist die optimale Feldabdeckung. Der größte Nachteil sind die mitunter in der Abwehr auftretenden Kompetenzschwierigkeiten (Wer nimmt den Ball in der Mitte?).

Gut sortiert: Das Weltklasse-Doppel Lee Yong Dae und Ko Sung Hyun beobachtet – hintereinander stehend – die Abwehrversuche der Gegner.

Angriff im Doppel
Hat man die begehrte Angriffssituation endlich erkämpft, gilt es, das Heft des Handelns nicht aus der Hand zu geben und den Angriff (erfolgreich) abzuschließen. Die günstigste Feldeinteilung für die angreifende Paarung ist, hintereinander zu stehen. Der Vorderspieler deckt den Netzbereich ab, spielt Bälle, die in seine Reichweite kommen, möglichst aggressiv in das Feld der Gegner oder spielt kurz hinters Netz, so dass die Verteidiger wieder heben müssen. Der Hinterspieler spielt den Ball möglichst nach unten (also als Smash oder Drop).

Bzkn – Beide zucken, keiner nimmt!
Oder auch international: Husband and wife, ein Rezept, das sich beim Angriff immer wieder bewährt hat, besteht darin, zwischen beide Verteidiger zu spielen. Mit Mitte ist nicht zwangsläufig die Feldmitte gemeint, sondern der Bereich zwischen den beiden Verteidigern (was aber oft dicht beieinander liegt): Zwei gewichtige Vorteile bringt diese Vorgehensweise mit sich:
- Die Verteidiger sind oft uneinig, wer von ihnen für diesen Ball verantwortlich ist
- Man läuft nicht Gefahr, den Ball ins Aus zu schlagen

Möglichst gerade angreifen
Der Federball büßt auf seinem langen Weg über die Diagonale rapide von seiner Anfangsgeschwindigkeit ein, so dass der Verteidiger dann meist leichtes Spiel hat. Beim Doppel stehen die Chancen für die Verteidiger noch günstiger, da der für die hinteren Ecken zuständige Verteidiger nicht aus dem Zentralen Bereich starten muss. Hinzu kommt, dass lange, diagonale Schläge die Konterchance für die Verteidiger erhöht: Ein scharfer, gerader Abwehrball am Vorderangreifer vorbei führt meist zum Verlust des Ballwechsels, zumindest aber zur Abgabe der Angriffsmöglichkeit. Greift also möglichst gerade oder in der Mitte an!

Überraschungen bereithalten
Gelegentlich solltet ihr vom »Nach-unten-Spiel-Gebot« abweichen und einen Angriffs-Clear zwischen die Verteidiger setzen. Übertreibt das Clear-Spiel aber nicht. Hier und dort setzt ruhig auch einmal einen »unvernünftigen« Ball, z.B. einen Cross-Smash. Variantenreiches Spiel macht euch unausrechenbar und brandgefährlich!

Gibt es trotzdem noch Unstimmigkeiten, dann sprecht euch während des Ballwechsels ab. Ein Ausruf wie »Du« oder Ich«, »Hau drauf« oder »Hau ab« kann dem Partner eure Einschätzung der Situation näher bringen.

Verteidigung im Doppel

Für die Verteidigung gilt es, den defensiven Part schleunigst wieder abzugeben. Die beste Feldeinteilung ist jetzt, nebeneinander Stellung zu beziehen. Der diagonal zum Ball schlagenden Hinterangreifer stehende Verteidiger rückt dabei etwas dichter zum

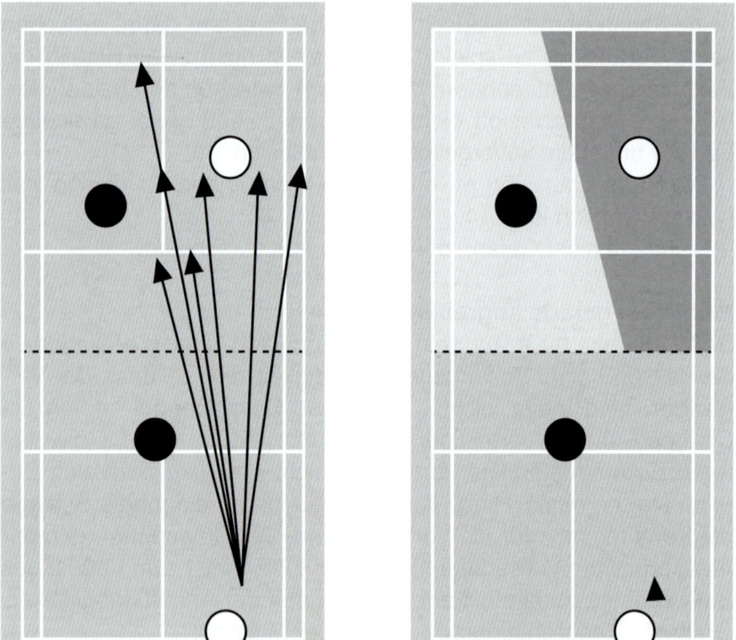

Die günstigen Anspielbereiche im Angriff aus dem Hinterfeld im Doppel

Die Feldaufteilung in der Verteidigung

tipp

Um dem Schlägerbruch bei Bällen in die Mitte zu entgehen, gibt es wie im Straßenverkehr sinnvolle Vorfahrtsregeln:
- Verteidigung: Rückhand geht vor Vorhand
- Angriff: Vorhand geht vor Rückhand

Einige Mitmenschen bringen allerdings ihre fest eingebauten Vorfahrtsregeln von der Straße mit aufs Feld. Um das Material zu schonen, hilft dann meist nur noch, rechts ranfahren!

Hinweis an die Hinterspieler: Bedenkt die Verantwortung, die ihr für euren Vordermann tragt. Ein zu hoch und langsam hinters Netz gespielter Ball, den der Gegner oberhalb der Netzkante erreicht, lässt euren Partner zum Zielobjekt werden. Spielt also niemals zu langsame Drops im Doppel.

Ball (Netz) auf. Folgt euren kurzen Verteidigungsbällen ans Netz (falls sie nicht vom Gegner besonders hoch über dem Netz erreicht werden können), und deckt danach den Netzbereich ab.

Das skizzierte Doppelsystem ist geeignet für Spieler, die ihre kurzen Bälle kurz und die langen wirklich lang (und hoch) spielen. Ballgefühl, Technik und Kraft fallen aber leider nicht vom Himmel, so dass Einsteiger meist im erweiterten Halbfeld spielen. Erst nachdem eure Fertigkeiten es erlauben, werdet ihr euch in diesem System wohlfühlen und damit Erfolg haben.

tipp

Versteht das Doppel wirklich als Mannschaftssport. Feuert euch gegenseitig an, beratschlagt zwischen den Ballwechseln, was zu tun ist, und ermuntert den Partner, wenn's ihm gut tut, mit einem Schlägerklaps auf den Po. Nehmen die Fehler eures Partners überhand, kann dieser Klaps natürlich etwas doller ausfallen!

Das gemischte Doppel (Mixed)

Das Mixed ist eine besondere Disziplin. Frau und Mann bilden ein Team - eine Ausgangssituation, die alles andere als Langeweile verspricht. Unklar bleibt bei dieser Form der Zweisamkeit jedoch meist die Aufgabenverteilung. Wie in allen Disziplinen, so gilt es auch im Mixed, die eigenen Stärken auszuspielen und die Schwächen des Gegners gnadenlos zu entblättern. Stellt euch also vor Spielbeginn die Frage nach den eigenen Qualitäten. Wer spielt druckvoller aus dem Hinterfeld? Wer ist der Effektivere am Netz? Optimal wäre eine Konstellation, in der es einen druckvolleren Hinterspieler und einen besseren Netzspieler gibt. Stellt ihr fest, dass es diesbezüglich keine gewichtigen Unterschiede gibt, so ist die gewinnbringendste Variante des Zusammenspiels das normale Doppel.
Zur »klassischen« Form des Mixed gehört eine klare Rollenverteilung: Der Herr übernimmt so oft wie möglich das Hinterfeld, da er, bei gleichem technischen Niveau, der druckvollere Part ist. Die Dame deckt den Netzbereich ab. Im Vorderfeld sind vor allem Spielwitz, Reaktionsvermögen und Feinkoordination gefordert.

Der Aufschlag

Für den Aufschlag im Mixed gelten dieselben Kriterien wie beim Doppel-Aufschlag, mit einer taktischen Erweiterung: Benutzt des Öfteren Swip-Aufschläge auf die Dame, damit sie vom Netz vertrieben wird und die günstige Mixedstellung vom gegnerischen Doppel nicht beibehalten werden kann – verfügt die Dame allerdings über einen besonders wuchtigen Smash, vergesst den Tipp!

Der Angriff

Die Aufstellung im Angriff ist die gleiche wie beim »normalen« Doppel, also »Dame vorn, Herr hinten«, allerdings sind die anzuvisierenden Zielgebiete im gegnerischen Feld teilweise andere (s. Abb.). Da die fürs Mixed günstigste Aufstellung der Partner (nämlich hintereinander) eine typische Angriffsstellung ist, während die für die Verteidigung gewählte Feldaufteilung (beide nebeneinander) eher einen Kompromiss darstellt, kommt dem Gewinn des

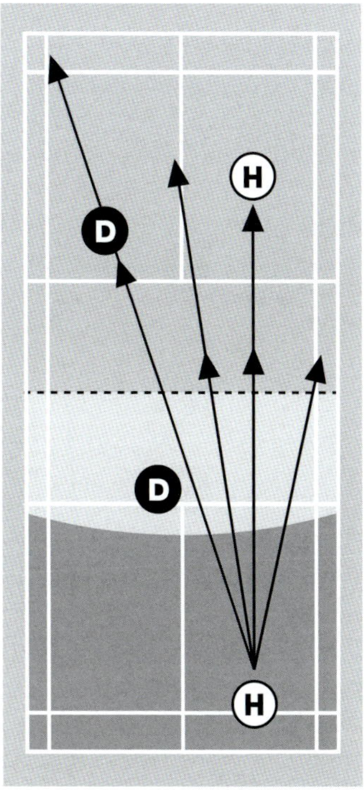

Die günstigen Anspielbereiche im Angriff aus dem Hinterfeld im Mixed

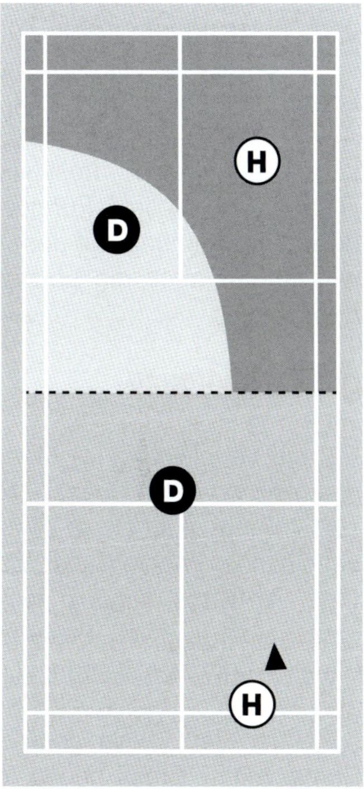

Die Feldaufteilung in der Verteidigung im Mixed

Angriffs im Mixed eine zusätzliche Bedeutung zu. Spielt im Angriff Drops auf den Herrn, um ihn ans Netz zu ziehen, und Clears auf die Dame, um sie ins Hinterfeld zu drängen.

Spielt füreinander!

Was sich hier etwas pathetisch anhört, ist in Wahrheit eine ausgesprochen erfolgsorientierte Maxime: Bereitet Punkte für den anderen vor. Am Netz bedeutet dies, nicht jeden Ball in Punkte verwandeln müssen, sondern auch mal Bälle kurz abzulegen, damit der Angriff weiterläuft. Aus dem Hinterfeld muss nicht jeder Smash mit dem Hintergedanken abgeschickt werden, dass er sich in den Hallenboden eingraben möge. Solche »Alles-oder-Nichts-Attacken« beenden zwar meist den Ballwechsel, aber leider zu oft auch zu euren Ungunsten. In jedem Fall wird die Dame dabei aus dem Spiel gedrängt. Ein kontrollierter Smash an die richtige Stelle hat nicht selten eine schlechte Abwehr zur Folge, und die Dame kann erfolgreich abschließen. Dieses planvolle Füreinander hebt die Stimmung auf dem Feld, was immer auch die Leistungen beflügelt.

Die Verteidigung

Für die Verteidigung im Mixed gilt das gleiche wie im Doppel: Die beste Stellung ist im allgemeinen nebeneinander. Achtet aber darauf, dass die Dame diagonal zum Angreifer steht (s. Abb.). Sollte es die Situation erfordern, dass ihr den Ball als Unterhand-Clear spielen müsst, sollte der Herr immer gerade, die Dame immer Cross heben, damit der zu erwartende Ball auf die Dame den langen Weg über die Diagonale fliegen muss. Die Dame sollte also nicht auf der Seite Stehen, von der angegriffen wird.

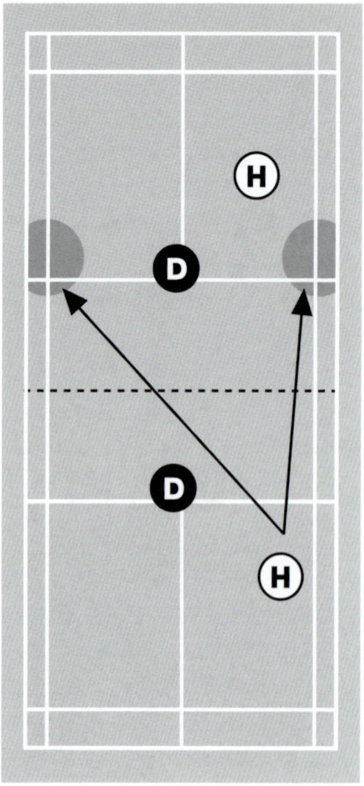

Günstigste Anspielbereiche, wenn beide Paare hintereinander stehen (z.B. nach einem kurzen Aufschlag), sind die an der Grenze der Zuständigkeitsbereiche liegenden »Mixed-Punkte«.

Die Mixed-Punkte

Befinden sich beide Paare in der klassischen Aufstellung (Dame vorn – Herr hinten), gilt es für beide Mixed, den Angriff zu ergattern. Da die Mitte durch diese Aufstellung gut abgedeckt ist, findet ein großer Teil des Spiels parallel zu den Seitenlinien statt. Es wird versucht, durch flaches Anspielen jener Randbereiche des Spielfeldes, die zudem im Grenzbereich der Zuständigkeiten beider Partner liegen, eine verspätete Annahme des Balles zu provozieren und so das gegnerische Mixed zum Heben des Balles zu bringen, wodurch man selbst zum Angreifen käme.

Badminton-Know-how

Badminton ist eine Sportart, bei der Erfolg und Vergnügen nicht zuletzt dadurch enorm zu steigern sind, dass man weiß, wie gespielt wird. Das Kapitel »Badminton-Know-how« soll euch bewusst machen, was alles auf dem Badmintonfeld stattfindet und wodurch Ihr die genannten Komponenten des Spiels günstig beeinflusst.

Das Spieltempo

»Badminton ist wie Auto fahren. Man muss die Geschwindigkeit den Umständen anpassen. Mal gibt man Gas, mal muss man bremsen.« Die Quelle dieser Weisheit ist niemand anderer als der Däne Morton Frost, in den frühen Achtzigern die Nr. 1 der Weltrangliste. Frost verstand es wie kein anderer, im rechten Moment das richtige Spieltempo zu »fahren«.
Ein hohes Tempo zwingt in den meisten Fällen den Gegner dazu, mehr Fehler als gewöhnlich zu machen. Doch oft genug befindet man sich in Situationen, in denen eine Forcierung des Tempos die eigenen Fähigkeiten überfordert. Solche Situationen – sie hängen meist mit fortschreitender Ermüdung zusammen – gilt es zu erkennen. Ein Beispiel: Erreicht man einen Drop des Gegners nur noch mit großer Mühe, ist es nicht unbedingt clever, selbst noch einen schnellen Ball über das Netz zu schicken. Wenn euer Schlag nicht brillant ist (was bei der beschriebenen Situation nicht gerade zu erwarten ist), erreicht ihn der Gegner, bevor ihr euch wieder im Zentralen Bereich positioniert habt. Ihr seid für den nächsten Schlag also ziemlich schlecht vorbereitet. Das Festhalten an dem hohen Spieltempo ist in dieser Phase also genau das Falsche, die Schlussfolgerung kann nur sein: Tempo reduzieren! Und in diesem Sinne wäre die bessere Antwort auf den Drop ein hoher Unterhand-Clear. Der lange Ballflug verschafft euch die Zeit, wieder die Feldmitte zu erreichen. Spielt den Unterhand-Clear in die hintere Feldmitte. Damit steht ihr frontal zum Ball und seid schwer zu passieren.
Eine andere Erfolg versprechende Taktik ist, das Spieltempo während des Spiels zu wechseln. Variiert immer wieder zwischen Verteidigungs- und Angriffs-Clear, langsamem Drop und Smash. Oft kann sich der Gegner schlecht auf diesen Tempowechsel einstel-

len. Die Wirkung hoher Verteidigungs-Clears in diesem Zusammenhang wird häufig unterschätzt. Durch sie wird der Gegner jedoch gezwungen, bis zur Grundlinie zu laufen. Vor allem aber wird durch den langen Ballflug gelegentlich der Laufrhythmus unterbrochen, worunter das gesamte Timing leiden kann. Testet, welches Spieltempo eurem Gegner am wenigsten »schmeckt«.

Den richtigen Ball spielen

Jeder Badmintonspieler, sei er auch noch so frisch eingestiegen, besitzt seine Stärken und Schwächen. Häufig wird ein Spiel dadurch entschieden, dass ein Spieler die Schwächen seines Gegners besser ausnutzt oder seine eigenen Stärken sinnvoller einsetzt als sein Gegenüber.
Die Stärken großer Spieler liegen sicherlich in ihrer Reichweite, dafür sind sie oft etwas unbeweglich (Ausnahmen bestätigen wie immer die Regel). Im Spiel mit einem XL-Gegner empfiehlt es sich also, dessen Unbeweglichkeit auszunutzen. Spielt des Öfteren Schmetterbälle direkt auf seinen Körper: Auch in Körpernähe gibt es mit dem Schläger leicht zu erreichende und schwer zu erreichende Areale (s. Abb.). Gegen kleinere Gegner ist es meist sinnvoll, ihnen lange Laufwege über die Diagonale aufzuzwingen. Spielt beispielsweise einen Ball ans Netz auf seine Vorhandseite und dann einen langen Ball weit in seine hintere Rückhandecke. Gegen schwere oder schwerfällige Gegner versucht, eine Ecke mehrfach hintereinander anzuspielen. Richtungswechsel fallen beleibteren Menschen oft schwerer, als geradeaus zu laufen.

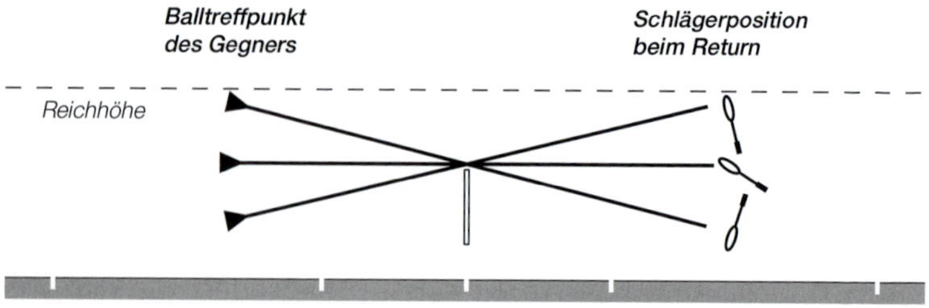

Die beste Position des Schlägers in der Erwartungshaltung richtet sich nach der zu erwartenden Schlagposition des Gegners.

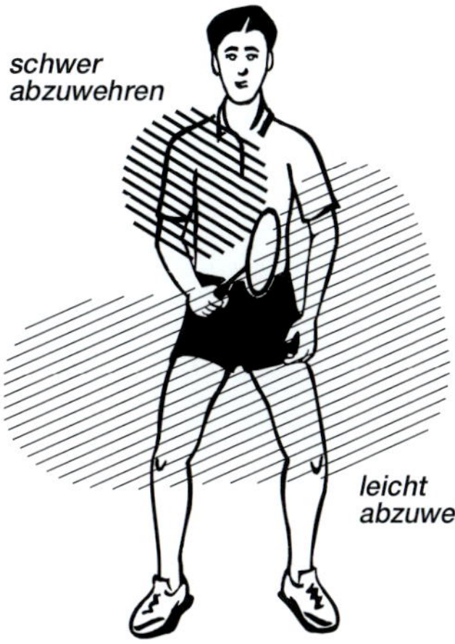

Wohin mit dem Smash? Die »Problemzonen« bei der Smash-Abwehr

Die Schwächen eines Badmintonspielers müssen sich nicht unbedingt aus diesen Körperlichkeiten ergeben. Testet auch hier euren Gegner aus! In welchen Situationen unterlaufen ihm Fehler? Probiert die hier vorgestellten Marschrouten am Anfang des Spiels aus. Findet ihr eine erfolgreiche Taktik, weicht nicht von ihr ab, solange ihr Punkte damit gewinnt.

Vorausschauende Wahl der Schlägerposition

Die beste Position des Schlägers in der Erwartungshaltung kann nicht pauschal festgelegt werden, sondern orientiert sich stark am Spielgeschehen. Grundsätzlich gilt jedoch: In der Erwartungshaltung sind der Schläger und der Ellenbogen vor dem Körper. So kann der Schläger schneller zum Ball gebracht werden. Die Frage ist jetzt nur noch, in welcher Höhe! Maßgeblich dafür ist der jeweils von euch soeben gespielte Schlag und das »Stockwerk«, in dem der Gegner den Ball erwischt. Habt ihr den Ball nach unten gespielt, gehört euer Schläger anschließend nach oben, denn der Gegner wird den Ball heben müssen. Habt ihr den Ball nach oben gespielt, dann erwartet den gegnerischen Ball für alle Fälle mit gesenktem Schläger.
Der Vorderspieler im Doppel (und Mixed) sollte seinen Schläger immer oben haben, da sein Partner aus dem Hinterfeld, wenn er das Doppelspiel verstanden hat, nach unten spielen wird. Der Ball muss von den Gegnern also unterhalb der Netzkante angenommen werden. Eine besondere Bedeutung kommt der Schlägerposition nach dem eigenen Spiel am Netz zu. Allzuoft wird der Schläger nach einem kurz gespielten Ball nach unten genommen. Spielt der Gegner nun einen kurzen Ball zurück, muss der Schläger erst wieder angehoben werden, um den nächsten Ball oben zu erwischen.

Ian Maywald als Meister der Antizipation. Hier hat er den Ball schon »erahnt« und erwischt diesen, bevor er das Hinterfeld erreicht – das spart Laufwege und erhöht den Druck auf den Gegner.

Der Zeitraum, der durch den Schlägerfall verloren geht, erscheint verschwindend gering, lässt euch aber oft den entscheidenden Moment zu spät für einen aggressiven Ball (z.B. Dip) kommen. Wird der Ball vom Gegner ins Hinterfeld geschlagen, habt ihr mit erhobenem Schläger eher die Möglichkeit, einen durch eure Reichweite hindurchfliegenden Swip zu erwischen (s. Foto), als mit dem »Hängeschläger«.

Schachmatt in drei Zügen – das Spiel lesen und lenken

Es gibt Spieler, die eigentlich keinen einzigen »Gewinnschlag« in ihrem Repertoire haben und trotzdem ständig gewinnen. Dieser Umstand scheint erklärungsbedürftig. Dabei ist ihre Vorgehensweise ganz simpel: Von den Fehlern des Gegners profitieren und auf die eigene Schlagsicherheit vertrauen. Ein gangbarer, aber nicht sehr inspirierter Weg. Die andere Möglichkeit, mit wenig durchschlagkräftigen Schlägen zum Erfolg zu gelangen, ist, das Spiel des Gegners zu »lesen« und den Punktgewinn vorzubereiten. Die meisten Spieler wählen in bestimmten, wiederkehrenden Situationen denselben Schlag. Ähnlich Mäusen im Labyrinth neigt der Mensch dazu, erfolgreiche Wege immer wieder zu benutzen. Das führt beim Spiel zu Automatismen, die sich gewiefte Taktiker zunutze machen können. Verfährt der Gegner nach einem bestimmten Schema, sollte man daraus Kapital schlagen.

1. Beispiel: Einige Spieler wehren einen Schmetterball stets kurz gerade ab, z.B. weil sie bei der Wucht eurer Smashs keine andere vernünftige Abwehr mehr zustande bekommen. Schmettert also, wenn sich die Situation bietet, und setzt sofort ans Netz nach! Den Stopp im Zentralen Bereich erspart ihr euch ausnahmsweise und gewinnt damit Zeit. Ihr erwischt den Ball am Netz gut und hoch und stecht ihn präzise dicht hinters Netz ab. Euer Gegner wird von eurer Geschwindigkeit überrascht sein. Sein nächster Ball wird sehr wahrscheinlich aufgrund des Zeitdrucks unpräzise ausfallen, so dass euer dritter Schlag meist sehr leicht zu verwandeln ist. Wenn euer Gegner den Ball dicht am Netz und kurz über dem Boden spielen muss, kann der nächste Ball also entweder nur kurz oder sehr hoch und weit kommen. Ihr nehmt also »Lauerstellung« am Netz ein, sodass ihr den kurzen Ball dippen könnt. Den Unterhand-

Clear zu erreichen, bereitet keine Probleme, da dieser ja sehr hoch gespielt werden muss. Schafft es euer Gegner, einen guten Unterhand-Clear zu produzieren, könnt ihr den Ballwechsel zwar nicht sofort beenden, seid aber weiterhin im Angriff.

2. Beispiel: Den meisten Nichtprofis bereitet ein schnelles Anspiel in die hintere Rückhandecke Schwierigkeiten. Gelingt euch ein solcher Angriff, dann verlagert eure Erwartungshaltung in der Gewissheit, dass der Gegner keinen langen Ball mehr spielen wird, ein gutes Stück nach vorn. Versucht den nächsten Ball oberhalb der Netzkante zu attackieren oder zumindest dicht an der Netzkante zu erreichen. Es ergeben sich dieselben Vorteile wie in der zuvor geschilderten Situation. Versucht, während des Spiels weitere Situationen zu entdecken, in denen euer Gegner wenig variabel reagiert. Nutzt die Schwächen eines Gegners konsequent aus.

Fehlende Wettkampfhärte

Es gibt Kandidaten, die spielen bis zum Satzende ausgesprochen geschickt und konzentriert, doch wenn der entscheidende Ball ansteht, verkrampfen sie und verlieren schlagartig ihre Klase. Die »Angst vor dem Gewinnen« ist eine verbreitete Krankheit. Die Ballwechsel kurz vor Satz- und Spielende gelten als »Bigpoints«, sie stellen eine besondere Situation dar. Ein Trick, die Anspannung zu umgehen, ist, sich einzureden, der Satz ginge bis 30 (statt bis 21). Wenn man in der Lage ist, sich selbst zu überzeugen, hat man diese Klippe geschickt gemeistert. Diese Selbsthypnose sollte jedoch nicht so weit gehen, dass man den Satzgewinn nicht registriert.
Andere Spieler fallen in tiefe Konzentrationslöcher. Plötzlich klappt nix mehr. Punkte werden leichtfertig vergeben, da der größte Teil der Gedanken auf irgendeinem fernen Planeten weilt. Eine Spielform, die ständige Konzentration einimpft, ist das »Plus-5-minus-5-Spiel«
Gespielt wird nach den Badmintonregeln auf einem halben oder ganzen Einzelfeld. Auch das Zählen beginnt, wie üblich, bei 0. Allerdings zählt jeder gewonnene Ballwechsel einen Punkt, jeder verlorene führt zu einem Punkt Abzug.
Beispiel: Den ersten Punkt macht Tim. Der Spielstand ist somit +1 für Tim und -1 für Gegner Tom. Gewinnt Tom nun die nächsten

drei Ballwechsel, steht es +2 für Tom und -2 für Tim. Gewonnen hat derjenige, der zuerst +5 erreicht. Diese Zählweise zwingt dazu, die Konzentration permanent auf hohem Niveau zu halten, da das Spiel ständig auf der Kippe steht.

Erfolgstechniken

Zuweilen stagniert die Leistung eines Badmintonspielers. Um aus dieser Sackgasse wieder herauszukommen, bedarf es eines zusätzlichen Impulses. Die sogenannten Erfolgstechniken sorgen für den nötigen »Kick«, den eine Badmintonkarriere benötigt.

Der Drop mit Innenschnitt

Das richtige Vergnügen entsteht meist, wenn der Gegner den von uns gespielten Ball nur staunend beobachtet, ohne eingreifen zu können. Ein solcher Schlag kann der Drop mit dem Innenschnitt sein. Entgegen der Regel, die Schlagfläche möglichst frontal zum Ball auszurichten, beruht die Wirkung des Innenschnitt-Drops auf der schrägen Schlagflächenstellung im Treffpunkt. Die Flugrichtung des Balles ist nun noch weiter nach links, als es der Ausschwung des Schlägers vermuten ließe. Eine weitere Täuschung ergibt sich aus der Geschwindigkeit des Schlägers. Durch die Schrägstellung des Schlägers ist die Kraftübertragung vermindert, und der Ball fliegt langsamer und damit kürzer ins Feld, als es die Schlägergeschwindigkeit erwarten ließe.

tipp

- Stellt den Schläger anfangs nur leicht schräg und »tastet« euch dann allmählich zur sehr schrägen Stellung vor.
- Auch hier könnt ihr euch wieder an den Geräuschen orientieren: Je mehr »Zischen« entsteht, desto mehr Schnitt liegt auf dem Ball (und desto größer ist die Täuschung!).

Bewegungsbeschreibung: Die Schlagbewegung ist die eines normalen Überkopfschlages, nur wird der Schläger dabei etwas schräg angestellt. Der Treffpunkt sollte nahe der Körperachse und oberhalb des Kopfes liegen. Der Innenschnitt-Drop täuscht einen Ballflug von euch aus nach rechts an. Es wäre der Täuschung also abträglich, den Ball wirklich in die vorgetäuschte Ecke zu schicken. Der Innenschnitt-Drop gehört in die von euch aus linke Ecke (seid ihr Linkshänder, in die rechte Ecke!).

Je weniger frontal ihr den Schläger beim Treffen haltet, desto niedriger ist vorerst die Trefferquote. Auch die Streuung um das anvisierte Zielgebiet herum ist anfangs immens. Akzeptiert diese Umstände einfach als notwendige Begleiterscheinung, und feiert die kleinen Siege, wie zum Beispiel: den Ball überhaupt so zu treffen, dass er vorwärts fliegt.

Der schnelle Start

»Mit den gegebenen Mitteln den maximalen Nutzen erzielen« lautet das sogenannte Maximalprinzip, das auch beim Badminton seine Berechtigung besitzt. Als gegebenes Mittel betrachten wir beispielsweise die individuelle Schnelligkeit. Im Gegensatz zu Kraft und Ausdauer ist die Schnelligkeit nur in engen Grenzen durch Training zu steigern. Entweder man hat sie, oder man hat sie nicht. Doch wer es nicht in den Beinen hat, der sollte es eben im Kopf

Der »schnelle Start« beim Lauf mit Laufschritten zum Netz…

…und bei der Malayentechnik

haben. Das von der angestrebten Schlagposition weiter entfernte Bein liefert den ersten Impuls: Während der Körperschwerpunkt schon in Laufrichtung verlagert wird, erfolgt ein Abdruck von dem hinteren, entfernten Fuß. Der eigentliche Clou besteht darin, dass zum Abdruck der hintere Fuß noch ein Stück entgegengesetzt der Laufrichtung aufgesetzt wird. Testet den schnellen Start erst langsam (eigentlich widersprüchlich, aber sinnvoll) im Rahmen des Polizistenspiels (s. S. 101). Spürt bei jedem Start deutlich den Abdruck eures zurückgesetzten Beines.

Sidek-Aufschläge

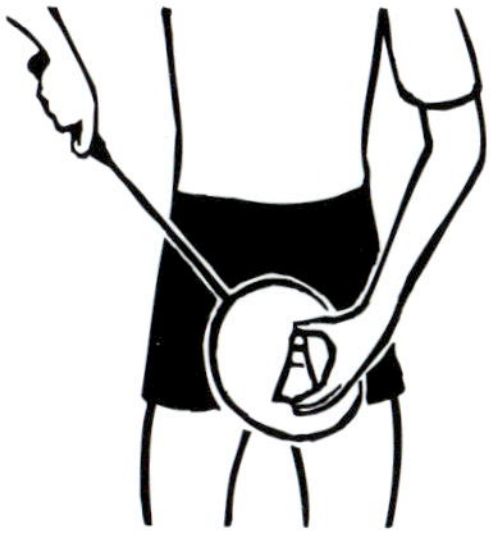

Der Ball wird, mit dem Kork nach oben, zwischen Daumen und Zeigefinger gehalten. Der Schläger wird dann mit schräg angestellter Schlagfläche (ähnlich dem Drop mit Innenschritt) »am Ball vorbeigezogen«

Zu den Badminton-Schmankerln der besonderen Art gehören die von den malayischen Brüdern Sidek erfundenen Sidek-Aufschläge. Diese kurzen, meist im Doppel verwendeten Aufschläge haben die erstaunliche Eigenschaft, ihre Flugbahn während des Fluges zu ändern! Ihr benötigt dazu einen Naturfederball. Die ineinandergesteckten Federn verleihen dem Ball während des Fluges eine Eigenrotation. Dadurch wird die Flugbahn des Balles stabilisiert. Wenn man den Ball nach dem Schlag hinterherschaut, lässt sich diese Drehung beobachten. Beim Sidek-Aufschlag werden zuerst die Federn getroffen und dadurch eine Drehung des Balles entgegengesetzt seiner normalen Rotationsrichtung bewirkt. Irgendwann im Flug setzt sich dann die Eigenrotation des Balles durch, und in diesem Moment des Wechsels »schlingert« der Ball durch die Luft. Diese Aufschlagart wurde jedoch bald verboten. Das Regelwerk verlangt heute, dass der Kork zuerst getroffen wird. Doch nur wenige kennen die Regel so genau…! Die beste Vorgehensweise ist hier »learning by doing«. Versucht, wie in der Zeichnung dargestellt, an den Federn des Balles »vorbeizuschneiden«. Wenn der Ball in der Luft schlingert, habt ihr's richtig gemacht.

Facts & Fiction

Kurz, prägnant und übersichtlich haben wir in diesem Kapitel die wichtigsten Spielregeln und Fachbegriffe zusammengefasst und übersetzt, damit ihr nicht nur auf, sondern auch neben dem Platz – sozusagen mit rhetorischem Spielwitz – Glanz verbreiten könnt. Bei den Spielregeln folgen wir einer verkürzten und vereinfachten Fassung des Deutschen Badminton Verbandes, beim Fachvokabular den gebräuchlichsten Verwendungen aus dem individuellen Blickwinkel der Autoren. Außerdem werfen wir einen Blick auf die kleinen »Alltagsprobleme« des Badmintons.

Die Spielregeln

Badminton wird in fünf Disziplinen gespielt: Damendoppel (DD), Dameneinzel (DE), Herrendoppel (HD), Herreneinzel (HE) und Mixed (MD – one man, one woman).

Wahl

Vor Spielbeginn gibt es zwei Dinge zu klären:
- Wer wählt anfangs welche Seite?
- Wer schlägt als erster auf?

Traditionell zeigt der hochgeworfene Federball den Glücklichen an. Nachdem sich der Ball vom Aufprall auf den Boden erholt hat, darf die Partei, auf die das Korkende zeigt, sich entweder für Aufschlag, Rückschlag oder eine Seite entscheiden.

Zählweise

- Seit Einführung der Rallypoint-Zählweise wird für jeden Ballwechsel ein Punkt vergeben. Wer den Ballwechsel für sich entscheiden kann, erhält zudem das Aufschlagrecht.
- In allen Disziplinen wird auf zwei Gewinnsätze (also best of three) bis jeweils 21 Punkte gespielt.
- Am Satzende muss grundsätzlich ein Vorsprung von zwei Punkten erreicht sein, beim Stand von 21:20 wird also verlängert, maximal allerdings bis 30. Hier entscheidet dann der letzte Punkt. Knapper als 30:29 lässt sich ein Satz also nicht gewinnen.

Seitenwechsel

Nach jedem Satz erfolgt ein Seitenwechsel. In einem entscheidenden dritten Satz wird beim erstmaligen Erreichen von 11 Punkten die Spielfeldseite gewechselt.

Aufschlagrecht und Position der Spieler beim Aufschlag

Einzel
Wie oben erwähnt wird der erste Aufschlag ausgelost. Anschließend gilt: Ist die Punktzahl des Aufschlägers 0 oder gerade, so steht er bei eigenem Aufschlag im rechten, bei ungerader Punktzahl im linken Aufschlagfeld.

Doppel und Mixed
Hier hat die Einführung der Rallypoint-Zählweise die deutlichsten Spuren hinterlassen. Waren zunächst auf dem Spielfeld orientierungslos umherirrende Doppelspieler und durch Faustrecht bestimmte Spielstände an der Tagesordnung, hat sich das System inzwischen jedoch gut etabliert.

Grundlage für die Reihenfolge beim Aufschlag während eines Satzes ist der »Vierertyklus«:

1. Erster Aufschläger bei 0:0 aus der rechten Feldhälfte
2. Partner des ersten Rückschlägers
3. Partner des ersten Aufschlägers
4. Erster Rückschläger und dann wieder von vorn. Die Reihenfolge ist für den begonnenen Satz (aber nur für diesen) bindend.

tipp

Sollten die Spieler bemerken, dass es im Eifer des Gefechts zu Positionsfehlern gekommen ist, so sind diese zwar durch eingehende Diskussion umgehend zu korrigieren, ziehen aber keinerlei Bestrafungen oder Änderungen des Spielstands bzw. Aufschlagrechts nach sich.

- Gewinnt die aufschlagende Partei den Punkt, wechselt der Aufschläger das Aufschlagfeld und zielt nun auf den Partner des ersten Rückschlägers. Ausschließlich in dieser Spielsituation kommt es zum Positionswechsel der Partner.
- Gewinnt das rückschlagende Team den Ballwechsel, erhält es Punkt und Aufgaberecht. *Achtung: Beide Teams wechseln nicht die Position!*
- Bei eigenem geraden Punktestand erfolgt der Aufschlag aus dem rechten Aufschlagfeld, bei eigenem ungeraden Punktestand aus dem linken.
- Im Ballwechsel gibt es keine festgelegte Reihenfolge, wer welchen Ball annehmen muss.

Aufschlag

- Es wird immer diagonal aufgeschlagen.
- Während des Aufschlages müssen Aufschläger und Annehmer mit beiden Füßen in ihrem Aufschlagfeld stehen.
- Der Aufschlag muss als Unterhandschlag ausgeführt werden. Der Schlägerkopf befindet sich dabei deutlich tiefer als die Hand, der Schläger zeigt also nach unten.
- Der Ball darf sich im Moment des Treffpunktes nicht oberhalb der Taille befinden.
- Der Ball darf (auch beim Aufschlag!) das Netz berühren.
- Aufgeschlagen wird erst, wenn der Annehmer bereit ist.
- Das Verzögern oder Unterbrechen der Aufschlagbewegung ist ein Fehler.
- Am Ball vorbeizuschlagen ist ein Fehler – und verdammt ärgerlich.

Pausen

In jedem Satz ist eine Pause von einer Minute erlaubt, sobald eine Partei 11 Punkte erspielt hat. Zwischen den Sätzen gibt es zwei Minuten Zeit zur Erholung, in denen die Spieler das Feld verlassen dürfen.

Fehler im Spiel

Als Fehler gilt,

- wenn der Ball innerhalb des eigenen Spielfeldes den Boden berührt,
- wenn der Ball ins Netz oder darunter hindurch geschlagen wird,
- wenn der Ball außerhalb der Spielfeldgrenzen den Boden berührt (Linie gehört zum Feld!),
- wenn der Ball die Hallendecke, die Seitenwände oder die Bekleidung beziehungsweise den Körper eines Spielers berührt. Berührt der Ball die Decke, so wird bei einer Hallenhöhe unter 7,50m der Aufschlag wiederholt,
- wenn ein Spieler das Netz oder dessen Haltevorrichtung mit dem Schläger, dem Körper oder der Kleidung berührt, während sich der Ball noch im Spiel befindet,
- wenn ein Spieler seinen Gegner während des Spiels vorsätzlich durch irgendwelche Handlungen ablenkt (z.B. Rufen oder Gebärden).

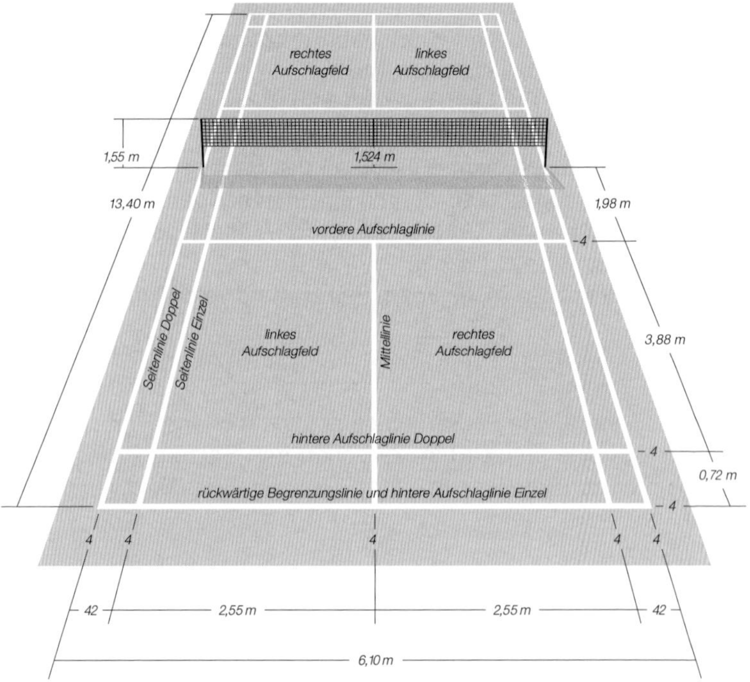

Das Spielfeld: Ort des Geschehens

Und was da sonst noch wäre...

- Der Schläger darf nach dem Schlag dem Ball übers Netz folgen, es aber nicht berühren.
- Gibt es Unstimmigkeiten, beispielsweise über den Landebereich des Balles, wird der Ballwechsel wiederholt.
- Werden Bälle, die ins »Aus« fliegen, angenommen, wird der Ballwechsel fortgesetzt.

Kleine Badmintonprobleme

Gelegentlich sind es die kleinen Dinge, die über Glück und Unglück entscheiden. Ein halber Punkt fehlt in der Klausur zur rettenden Vier, oder ein kurzes Lächeln in der U-Bahn treibt die Hormone für den Rest der Woche durch unseren Körper. Damit eure Freizeit möglichst harmonisch verläuft, sollen hier einige der kleinen Badmintonprobleme ausgeräumt werden.

David gegen Goliath – Unterschiedliche Spielstärken

Will es der Zufall, dass sich zwei Parteien unterschiedlicher Spielstärke auf dem Badmintonfeld gegenüberstehen, hat der Versiertere meist wenig Möglichkeit, sich richtig auszutoben. Im Doppel kann man durch geschicktes Zusammenstellen der Paare oft einiges retten. Doch um die Spielstärken im Einzel einander anzugleichen, muss anders vorgegangen werden. Beim Pferderennen bekommen die Tiere, die einen besonders spacken Jockey transportieren dürfen, etwas Zusatzgewicht auferlegt, um die Chancengleichheit zu wahren. Um spannende Badmintonvergleiche (egal ob Einzel, Doppel oder Mixed) zu fördern, gibt es andere Möglichkeiten. Hier einige Maßnahmen, um das Kräfteverhältnis neu zu ordnen.

Handicaps für Goliath
- Er muss mit seiner schwächeren Hand spielen.
- Er muss jeden Schlag beidhändig spielen.
- Er darf eine oder mehrere Ecken des Spielfeldes nicht anspielen.

- Ihm sind nur Unterhandschläge erlaubt.
- Er muss seine Schlaghand nach jedem Schlag wechseln.
- Er hat striktes Smash-Verbot (oder andere Schläge sind tabu).
- Er muss auf dem Doppelfeld spielen.

Unterstützung für David
- Jeder Punktgewinn zählt doppelt.
- Sein Feld wird verkleinert (z.B. beginnt sein Feld erst ab der vorderen Aufschlaglinie)
- Er darf Goliath durch Tierimitationen vom Spielgeschehen ablenken.

Zählbares Handicap
Die Golfspieler haben ein sehr sinnvolles und für alle Spielstärken motivierendes System entwickelt. Ein Golfer, der eine Runde mit 90 Schlägen abschließt, hat bei einem Platzstandard von 72 Schlägen ein Handicap von -18. Wird er von einem Spieler mit einem Handicap von -10 herausgefordert, kann er sich sieben Schläge mehr als dieser erlauben und gewinnt den Vergleich trotzdem. Auch beim Badminton kann man solche zählbaren Handicaps schaffen: Gewinnt Goliath beispielsweise gegen David mit 15:5, so erhält er ein Handicap von -10. Der nächste Satz startet jetzt mit einer 10:0-Führung für David. Gewinnt nun David den zweiten Satz mit 15:13, so sinkt Goliaths Handicap auf -8. Dadurch wird das Handicap zwischen beiden Spielen ständig aktualisiert.

Ungünstige Spielerzahl

Was soll man tun, wenn sich die Zahl der Badmintonwilligen weder auf das für Einzel noch das für Doppel günstige Niveau summiert? Die einfachste Möglichkeit ist natürlich, dem Friedfertigsten zu sagen, dass er nicht mitmachen kann, und dann aufs Feld zu gehen. Da solche Charakterschwäche in diesem Buch jedoch nicht unterstützt werden soll, hier ein paar anständigere Wege, dieses Problem zu lösen:

Zwei gegen einen
Die einfachste Variante, Dreisamkeit problemlos für ein Spielchen nutzbar zu machen, besteht darin, dass ein Einzelspieler das Dop-

pel herausfordert. Je nach Spielstärke der einzelnen Akteure kann man dem Duo das Doppel- oder nur das Einzelfeld zuweisen und dem einzelnen das gesamte Einzelfeld oder nur die Hälfte davon.

Hamburger-Einzel-Turnier

Eine Turnierform für drei, fünf oder mehr »ungerade« Spieler. Gespielt wird normales Einzel nach Badmintonregeln, allerdings werden nur Kurzsätze ausgetragen. Der jeweilige Gewinner bleibt auf dem Spielfeld, der neue Herausforderer übernimmt aber die Punkte seines Vorgängers und erhält das Aufschlagrecht. Nach einem 5:2-Sieg startet also das nächste Match für den Gewinner mit 0:2. Der Verlierer wird zum Schiedsrichter – oder beschäftigt sich still. Bei drei Personen spielt man am Besten auf dem ganzen Einzelfeld, bei fünf oder mehr Personen (wenn nicht genügend Felder zur Verfügung stehen) auf jeweils einem halben Einzel- oder Doppelfeld. Turniersieger ist derjenige, der in einer vorher festgelegten Zeit die meisten Kurzsätze gewinnt.

Badminton »chinesisch«

Vom Tischtennis her ist diese Spielform wohl vielen geläufig. Voraussetzung sind mindestens drei Spieler. Die Teilnehmer bilden zwei Gruppen in den jeweiligen Feldhälften. Ein normaler Badmintonaufschlag eröffnet das Spiel. Die größere Gruppe erhält das Aufschlagrecht. Bei gleich großen Gruppen beginnt derjenige, der sich den Ball am schnellsten geschnappt hat (service of the fastest). Nach jedem geschlagenen Ball läuft man unter dem Netz durch (oder drumherum) und stellt sich ans Ende der anderen Gruppe. Wer einen Fehler macht, scheidet vorerst aus.

Die verbliebenen letzten beiden

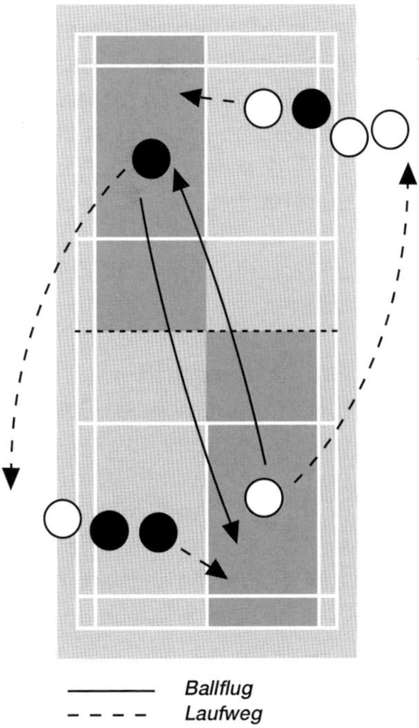

»China-Badminton«

Mohikaner spielen den begehrten Chinapunkt der jeweiligen Runde aus. Es ist ein kurzes Einzel bis 3 Punkte. Aufschlag hat derjenige, der weniger Chinapunkte besitzt. Ziel des Spiels: Wer als erster 11 Chinapunkte gesammelt hat, ist der »Chinese des Tages«. Prinzipiell kann man auch das gesamte Einzelfeld nutzen, jedoch fällt dann meist Chaos über dieses Spiel.

Das Fachvokabular – Wörter, die man wissen muss!

Wie in den meisten Sportarten steht auch beim Badminton der unbedarfte Einsteiger zu Beginn der sportlichen Karriere wie der Vorschüler vor dem Busfahrplan. Da wird auf dem Nebenfeld der Überkopf-Drop mit dem Unterhand-Clear beantwortet, dabei sieht's doch eigentlich nach flotterem Federball aus. Schnell hat man sich da bis auf die Knochen blamiert, ohne auch nur ein einziges Mal aktiv tätig gewesen zu sein. Aus anderen Sportarten wissen wir, eine ordentliche Fachsimpelei ist fast so gut wie das Match selbst. Allein dafür schon bedarf es also der Kenntnis des gängigen Fachvokabulars. Noch bedeutsamer ist das Verbalverständnis aber auf dem Platz. Es wirkt in den meisten Fällen verstörend, wenn einen der Doppelpartner auf die T-Position schickt und man entschlossen zum nächstgelegenen Samowar schlendert, um ein frisches Tässchen zu zapfen. Wer die folgende Liste auswendig lernt und fortan im Herzen trägt, sollte die hochnötigsten Peinlichkeiten umschiffen können.

Bratpfannengriff
Eine für die meisten Schläge ungeeignete Griffhaltung bei Anfängern mit Vorgeschichte aus dem »Federball«. Man hält den Schläger, als hätte man gerade einen Eierkuchen lustvoll an die Decke geworfen, damit man den Ball durch die Schlagfläche dauerhaft anvisieren kann. Gut geeignet, um 12.000 Mal den Ball hin und her zu eiern. Kann sich aber beim Vorhand-Dip als nützlich erweisen.

Clear
Der Clear ist zunächst mal ein hoher Befreiungsschlag, der einem in bedrängter Situation Gelegenheit gibt, kurz durchzuschnaufen und einen klaren Gedanken zu fassen. Nämlich den, wieder in den Zentralen Bereich (s.u.) auf dem Feld zurückzueilen. Er wird im Vorderfeld gern mit der Unterhand gespielt, im Hinterfeld eher als Überkopf-Ball. Landen aber soll er in beiden Fällen etwa auf der Grundlinie der jenseitigen Feldhälfte. Damit wird der Gegner gleichzeitig selbst aus dem Zentralen Bereich gescheucht und gerät in Bedrängnis. Kontrollierte defensive Offensive, sozusagen!

Dip (»Töten am Netz«)
Martialische Bezeichnung für die sofortige, mitleidslose Beendigung eines Ballwechsels am Netz. Der Ball wird kurz oberhalb der Netzkante durch eine schnelle Unterarmdrehung bzw. -streckung beinahe senkrecht nach unten »gedrückt«. Darf gern von einem aggressiven Kampfschrei oder diabolischen »Aus die Maus« begleitet werden.

Drive
Der klassische Aggressivball: flach, scharf und schnell aus der Hüfte geschossen! Der Abschlag erfolgt ungefähr auf Netzkantenhöhe und nötigt den Gegner bei präziser Ausübung zum traurigen Hinterhersehen oder zu einer Abwehraktion und anschließendem traurigen Hinterhersehen.

Drop
Drops sehen langsam aus, gehören aber doch zur Abteilung Attacke! Sie werden – nach Möglichkeit überraschend – knapp übers und dicht hinters Netz gespielt, um den Gegner ganz alt aussehen zu lassen. Der verlässt hurtig seinen Zentralen Bereich, kommt bei einem gut gespielten Drop trotzdem kaum noch dran und kann anschließend leichter ausgespielt werden. Achtung: Witzigkeiten wie »der Drops ist gelutscht« bitte unbedingt Spielern jenseits der 70 überlassen, in deren Jugend waren die fast noch aktuell!

Heben am Netz

In Ausnahmefällen der Hinweis auf den nachsportlichen Barbereich, normalerweise aber eine Technik, mit der ein Ball im Ausfallschritt mit einer Schiebebewegung quasi über das Netz »gehoben« wird.

Kopfform

Die Kopfform des Schlägers beeinflusst den günstigsten Treffbereich, die Kopfform des Spielers den Freiraum für taktische Überlegungen.

Schlägerwahl

Wie der Herr, so´s Gscherr: Die Wahl des Schlägers hat Auswirkungen auf die Spielqualität. Sie sagt viel über den Spieler – aber nicht alles.

Smash

Der Bohrhammer in der Werkzeugkiste! Wird in der Regel als Vorhand-Überkopfschlag gespielt (es geht auch als Rückhandsmash, aber sagen wir´s mal mit Wittgenstein: »Don´t try and shit higher than your arse...!«) und ist zweifellos das schnellste und kraftvollste Element im Repertoire. Der Ball wird deutlich vor dem Körper geschlagen, der Schlägerkopf ist dabei vor der Schlaghand, um ihn möglichst steil nach unten in die andere Feldhälfte zu trümmern.

Stechen
Der Ausflug in die Kunst des Fechtens! Mit einer kurzen stechenden Bewegung wird der Schläger in Richtung Netz geschoben. Der Arm ist nahezu gestreckt, der Schwung kommt aus der Körperbewegung. Nach gelungener Ausführung landet der Ball nicht nur extrem kurz hinter dem Netz, sondern gerät dabei noch ins Trudeln und wird für den Gegner so nur schwer kontrollierbar.

Swip
Eine Überraschungsoffensive auf technisch höchstem Niveau. Zunächst wird ein »Stechen« angetäuscht, dann aber durch schnellkräftige Unterarm-Drehung ein weiter Ball flach und doch außerhalb der Reichweite des Gegners gespielt. Führt beim Gegenüber zwar gern zu Verwirrung, hat dennoch mit »Schwips« nichts zu tun.

T-Position
Position am Treffpunkt von vorderer Aufschlag- und Mittellinie. Sehr nützlich, wenn sie beim Angriff im Doppel stets gut besetzt ist.

Umsprung
Eine Errungenschaft der modernen Lauftechnik. Der Richtungswechsel des Spielers erfolgt während des Schlages. Nicht zu verwechseln mit: Umtrunk.

Universalgriff
Ein Passepartout für nahezu alle Schlagtechniken. Die Hand liegt ungefähr in der Mitte des Griffes, Daumen und Zeigefinger bilden über der schmalen Seite ein »V«, Handfläche und Schlagfläche sollten etwa parallel ausgerichtet sein. Wer ein lockerer Händeschüttler ist, sollte mit dem Universalgriff keine Schwierigkeiten haben.

Überhandschlag
Kategorisierung und Fachtermini sind für das Lernen einer Sportart und das Fachsimpeln nützlich. Nicht jeder Begriff ist dabei sexy. Vorhandüberhandschlag ist in diesem Zusammenhang beispielsweise ein echter Abtörner. Doch wie der Bajuware sagt: Drauf gschisse. Was wäre das Märchen ohne Drachen?

Zentraler Bereich
Der Zentrale Bereich befindet sich überraschenderweise ungefähr im Zentrum der jeweiligen Feldhälfte, also etwa einen Meter hinter der vorderen Aufschlaglinie nahe der Mittellinie. Sie ist spielstrategisch von entscheidender Bedeutung und exakt der Ort, den man selbst so selten wie möglich verlassen möchte, von dem man den Gegner aber durchweg zu vertreiben trachtet. Von hier aus bieten die kurzen Laufwege sowohl in der Defensive als auch in der Offensive beste Voraussetzungen, das Spielgeschehen nachhaltig zu beeinflussen.

Jäger des verlorenen Satzes

Badminton ist weit mehr, als die reine Sportlehre heute rekapituliert. Es hat seine Spuren in vielen gesellschaftlichen Bereichen hinterlassen, insbesondere in der Filmindustrie. Die Autoren sind in findiger Recherche diesen Spuren gefolgt und haben nach höchst subjektiven Kriterien eine Rangliste der Titel erstellt, die es um ein Haar in die Kinos geschafft hätten:

- **Swipper:** Pilotfilm einer Kinderserie in den Sechzigern, die Federball als Strand- und Planschsport etablieren sollte. Noch vor der ersten Folge abgesetzt.

- **Clear Willy:** Abenteuerfilm über den Befreiungsschlag eines Killerwals nach langem Satz aus der Gefangenschaft. Zu früh gelandet.

- **China-Sprung über das Kuckucksnest:** Asiatisches Remake des Filmklassikers von Miloš Forman mit Jackie Nicholsan in der Hauptrolle.

- **Dipocalypse Now:** Lehrvideo für das sogenannte »Töten am Netz«. Fiel der FSK zum Opfer.

- **Die Rückhand der Jediritter:** Der junge Luke Skywalker wird von Drop Vader ausgespielt – bis er eine dunkle Rückhand Macht. Lief im Kino auf Tatooine, ist aber explodiert.

- **Drop Gun:** Kurzfilm über das Flugverhalten eines Federballs nach gelungenem Smash. Leider zu kurz fürs Kino.

- **Dip Blue:** Spektakuläre Bilder aus der Unterwasserwelt des Racketsports. Der – Walgesängen entnommene – melancholische Grundton dieses Dokumentarfilms ist den vielen Fangnetzen geschuldet.

Was wir noch sagen wollten

Badminton spielt man im Allgemeinen, um sich fit zu halten – und Spaß zu haben. Gut, für Profis mag es noch ein oder zwei weitere Gründe geben, aber die sollen uns hier nicht weiter interessieren. Ein bisschen geht's natürlich auch ums Gewinnen, schließlich ist es ja deutlich lustiger, den Smash des Spielpartners gelassen abzuwehren und anschließend mit gleicher harter Münze zurückzuzahlen, als beständig wie ein Huhn hin- und hergescheucht zu werden. Das Wesentliche aber ist dabei, dass der Spaßfaktor für alle Beteiligten zunimmt, wenn jeder sein technisches und taktisches Repertoire und damit auch den Spielwitz vergrößert.
Der Ansatz, uns mit den drei Lernetappen an den Vorkenntnissen und »Eigenheiten« der Lernenden zu orientieren, und im Grunde der ganze Tonfall des Buches sollen nun vor allem eines provozieren: Kreativität und Lust an diesem faszinierenden Sport, auch ohne den ständig korrigierenden Trainer am Ohr oder Schlagarm.
Wir erheben längst nicht den Anspruch, auf den vorherigen Seiten alle Raffinessen aus der Badminton-Trickkiste vollständig und ordnungsgemäß »abgearbeitet« zu haben. Vielmehr soll es eine Anregung sein, unterschiedliche Techniken auszuprobieren, vielleicht sogar eigene zu erfinden und bei passender Gelegenheit auf dem Court damit zu glänzen oder immerhin für große Erheiterung zu sorgen.
Der berühmte Schlag hinterm Rücken oder gar durch die Beine (Männer achten bitte auf ihre Schwingschwongs!) hat zwar auch etwas mit Können zu tun, aber noch mehr mit Esprit, Kreativität und einem gewissen Maß an Frechheit – auch oder gerade darum geht es beim Badminton!

Die Autoren

Lars Lucke (mit Bart), Jahrgang 1971, erlangte durch ein abgeschlossenes Politikstudium und nachweisbare Kenntnisse im Fußball und Volleyball die Qualifikation, an der Tour de Badminton mitzuarbeiten. Trockener Spielwitz, untherapierbare Kalauersucht und ein notorischer Hang zu Hertha BSC verweisen auf einen erschütternden Mangel an Ernsthaftigkeit.

Christian Schwab, Jahrgang maximal 1969, sorgte mit jahrzehntelanger Erfahrung aus der Spieler- und Trainerperspektive für das Fundament des Buches. Nach erfolgreich abgeschlossenem Studium, abgeschlossener Badminton-Karriere und abgeschlossenem Erst-Buch, droht er nun eine komplette Sport-Reihe an. Konsequenz, Ballgefühl und eine pathologische Neigung zu sinnfreiem Wortwitz gehören zu seinen liebenswürdigsten Kennzeichen.

Schlägersport muss Regeln haben!

Diverse Sportregeln mit witzigen Anfänger-Hinweisen im handlichen Hosentaschenformat.

Mehr Infos zu Preisen und Stückzahlen gibt es auf **www.sportzeuchverlag.de** im Shop.

„Die Badmintonregeln haben mein Leben verändert!“
Frank Wernicke

„Seit ich die Tennisregeln gelesen habe, spiele ich blendend Squash.“
Robert Sindermann

„Die Squashregeln haben mich zu einem besseren Menschen gemacht!“
Ingo Appelt